CADERNO DE EXERCÍCIOS
BRIGADA MILITAR
RIO GRANDE DO SUL

EDITORA
AlfaCon
Concursos Públicos

Diretor Presidente	Evandro Guedes
Diretor Editorial	Javert Falco
Diretor de Marketing	Jadson Siqueira
Gerente Editorial	Mariana Passos
Editores	Fátima Moraes
	Mateus Ruhmke Vazzoller
	Patricia Quero
Aquisição Editorial	Fábio Oliveira
Coordenação Editoração	Alexandre Rossa
Arte e Produção	Nara Azevedo
	Emilly Lazarotto
Capa	Alexandre Rossa

Dados Internacionais de Catalogação na Publicação (CIP)
Jéssica de Oliveira Molinari CRB-8/9852

S668

    Soldado da brigada militar do estado do Rio Grande do Sul RS : questões / Equipe de professores AlfaCon. -- 1. ed. -- Cascavel, PR : AlfaCon, 2021.
    120 p : il.

Bibliografia
ISBN 978-65-5918-224-4

    1. Serviço público - Concursos – Brasil 2. Polícia militar – Rio Grande do Sul 3. Língua portuguesa 4. Matemática 5. Direitos humanos e cidadania 6. Legislação 7. Informática I. Título

21-5467   CDD 351.81076

Índices para catálogo sistemático:
1. Serviço público - Brasil - Concursos

Proteção de direitos

Todos os direitos autorais desta obra são reservados e protegidos pela Lei nº 9.610/98. É proibida a reprodução de qualquer parte deste material didático, sem autorização prévia expressa por escrito do autor e da editora, por quaisquer meios empregados, sejam eletrônicos, mecânicos, videográficos, fonográficos, reprográficos, microfilmicos, fotográficos, gráficos ou quaisquer outros que possam vir a ser criados. Essas proibições também se aplicam à editoração da obra, bem como às suas características gráficas.

Atualizações e erratas

Esta obra é vendida como se apresenta. Atualizações - definidas a critério exclusivo da Editora AlfaCon, mediante análise pedagógica - e erratas serão disponibilizadas no site www.alfaconcursos.com.br/codigo, por meio do código disponível no final do material didático Ressaltamos que há a preocupação de oferecer ao leitor uma obra com a melhor qualidade possível, sem a incidência de erros técnicos e/ou de conteúdo. Caso ocorra alguma incorreção, solicitamos que o leitor, atenciosamente, colabore com sugestões, por meio do setor de atendimento do AlfaCon Concursos Públicos.

EDITORA
AlfaCon
Concursos Públicos

Rua Paraná, 3193- Centro
CEP -85810-010- Cascavel / PR
www.alfaconcursos.com.br

Data de fechamento 1ª impressão: 01/12/21

APRESENTAÇÃO

Para realizar o sonho de fazer parte da Brigada Militar do Estado do Rio Grande do Sul, não basta ter vontade se não houver um bom planejamento, uma excelente organização e um material de qualidade. Por isso, saber fazer as escolhas certas faz uma grande diferença.

Nesse contexto, a Editora AlfaCon, sempre atenta às necessidades dos interessados em concursos públicos, apresenta a 1ª Edição do Caderno de Exercícios para o concurso que teve sua abertura no dia 24 de novembro de 2021. Este material, essencial para preparação, traz 300 questões gabaritadas das disciplinas básicas e específicas pertinentes ao concurso.

As questões são de concursos anteriores, focadas na banca FUNDATEC e visam o aprimoramento dos conteúdos através da prática.

O livro de foi formulado para que o concurseiro possa utilizá-lo com facilidade, podendo transportá-lo durante suas atividades cotidianas, uma vez que possui um tamanho reduzido.

Com esta obra, a Equipe AlfaCon reitera o compromisso de produzir materiais de qualidade e voltados ao que é essencial à prova da Brigada Militar. Além disso, temos a certeza de que você terá em mãos um material que vai contribuir para a sua preparação e futura aprovação.

Bons Estudos.

RECURSOS

Se liga no **vídeo**!

App AlfaCon Notes

Neste livro você encontra o **AlfaCon Notes,** que é um app perfeito para registrar suas **anotações de leitura,** mantendo tudo **organizado e acessível** em seu smartphone. Deixe **sua leitura mais prática** e armazene tudo que puder! Viva a experiência AlfaCon Notes. É só seguir o passo a passo para a instalação do app.

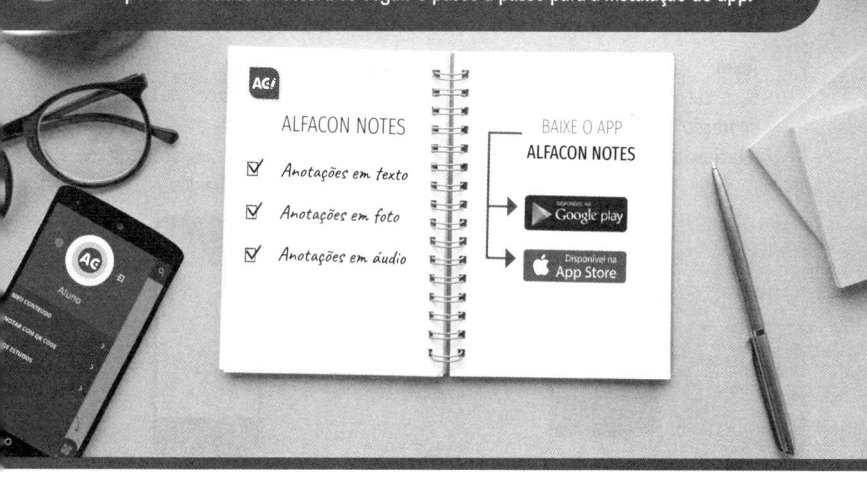

ALFACON NOTES
- ☑ Anotações em texto
- ☑ Anotações em foto
- ☑ Anotações em áudio

BAIXE O APP ALFACON NOTES
- Google play
- App Store

Passo 1
Instale o **Aplicativo AlfaCon Notes** em seu smartphone.
- Google play
- App Store

Passo 2
Você terá acesso ao seu feed de estudos, no qual poderá encontrar todas as suas anotações.

App AlfaCon Notes
Para criar uma nova anotação, clique no ícone localizado no canto inferior direito da tela.

Passo 3
Cada tópico de seu livro contém **um Código QR** ao lado.

App AlfaCon Notes
Escolha o tópico e faça a leitura do Código QR utilizando o aplicativo AlfaCon Notes para registrar sua anotação.

Passo 4

Pronto! Agora você poderá escolher o formato de suas anotações:

Texto:
Basta clicar no campo **"Escreva sua anotação"** e digitar seu comentário, **relacionado ao conteúdo** escolhido.

Áudio:
Clique no ícone **"microfone"**, na lateral inferior direita, mantenha o ícone pressionado enquanto grava suas considerações de voz sobre o tópico que está lendo.

Foto:

1) Clique no ícone, na lateral **inferior esquerda**.

2) **Fotografe** as anotações realizadas durante sua leitura.

3) Envie no ícone na lateral **inferior direita**.

» Agora você tem suas **anotações organizadas** e sempre à mão. Elas ficarão **disponíveis** em seu smartphone.

» Pronto para essa **nova experiência?** Então, baixe o app **AlfaCon Notes** e crie suas anotações.

Mais que um livro, é uma experiê

SUMÁRIO

LÍNGUA PORTUGUESA 9

LEGISLAÇÃO ESPECÍFICA 32

CONHECIMENTOS GERAIS 57

MATEMÁTICA.. 81

DIREITOS HUMANOS E CIDADANIA 97

INFORMÁTICA 110

LÍNGUA PORTUGUESA

O medo de enxergar a verdade provoca a força da ignorância

Permanecer ou sair da caverna? Uma questão que atravessa a história desde que os homens se compreendem como homens. É melhor desfrutar de uma realidade fantasiosa, mas confortável, ou vivenciar a verdade com toda a sua dureza? Viver como sujeito consciente tem um alto preço psicológico. No próprio mito da caverna, percebemos que os homens tendem a preferir se contentar com as sombras do que conhecer o lado de fora, afinal, por mais falsas que as sombras sejam, elas estão sob a proteção constante das rochas da caverna, o que significa que, ao decidir sair, não há mais volta, pois as rochas, que o olhar de servo entende como de proteção, para os que despertam, representam aprisionamento. O desconhecido magnetiza pelo medo. Dessa forma, na maior parte das vezes, preferimos permanecer onde estamos, por mais adversa que a situação seja, uma vez que o velho goza do benefício do conhecimento e da permanência, o que o torna menos temido do que o novo, o qual ainda não se conhece e não se sabe o que cobrará de nós. Dito de outro modo, ainda que a situação que vivenciamos seja adversa, tendemos ao comodismo pelo medo do que ainda não se conhece e, portanto, pode ser pior do que o que já se vivencia. Esse comodismo ou complacência, entretanto, não se restringe ao medo do desconhecido, mas também à própria falta de vontade em esforçar-se para que a condição seja modificada. Não é à toa que vivemos na era da servidão voluntária.

No entanto, se vivemos em um mundo "fantasioso", não é possível que a alcunha de "era da servidão voluntária" possa ser exposta de maneira clarividente. É necessário que ela seja transformada, ou melhor, ressignificada, e, assim, a servidão voluntária se transforma em admirável mundo novo, lugar em que a técnica, com todo o seu esplendor, consegue suprir todas as necessidades humanas. Evidentemente, as revoluções técnicas que aconteceram trouxeram importantes conquistas, descobertas e aperfeiçoamentos que tornaram a nossa vida melhor em vários aspectos. Contudo, o passado nos mostra que entre a real capacidade dessas revoluções e o que dela se extrai (e como se extrai) há um grande abismo. Sendo assim, a nossa realidade se aproxima muito mais das grandes distopias do século XX do que de um éden 3D.

Apesar de não _____ condições próprias para que haja um despertar do indivíduo da sua situação de ignorância, é imperioso que se entenda que o modo hierárquico da sociedade não se modificará de cima para baixo, de tal forma que é necessário a cada indivíduo, dentro das suas oportunidades, tentar buscar pontos de luz que o ajudem a encontrar a saída da sua ignorância e, por conseguinte, da sua condição escrava. Se o desconhecido magnetiza pelo medo, é apenas o conhecimento e a liberdade que nos permitem _____, sabendo que todo aquele que desperta sempre apontará para as correntes daqueles que permanecem presos. Todavia, também devemos ter em mente que muitos, por mais oportunidades que recebam, irão preferir permanecer na sua ignorância, na caverna, na Matrix ou qualquer palavra que representa o antônimo da liberdade, pois o estado de espectador é sempre mais cômodo, já que sempre há pipoca e refrigerante suficientes para manter os explorados de boca fechada.

Assim sendo, levantar do cinema, ser um selvagem ou tomar a pílula vermelha continuam sendo atos de coragem, espalhados e diminutos, pois como disse Nietzsche: "Por vezes as pessoas não querem ouvir a verdade, porque não desejam que as suas ilusões sejam destruídas".

Entretanto, é necessário destruir as nossas belas e confortáveis ilusões para que possamos ser sujeitos autônomos e livres, porque é o medo que possuímos da verdade que provoca a força da ignorância e permite o nosso controle.

Texto adaptado especialmente para esta prova. Disponível em https://www.contioutra.com/o-medo-deenxergar-verdade-provoca-forca-da-ignorancia/. Acesso em 8 Jan 2019.

01. Qual das seguintes alternativas contém as opções que, respectivamente, preenchem as lacunas tracejadas das linhas do texto de forma correta?

a) haver – enfrentá-lo
b) haver – enfrentar-lhe
c) haverem – enfrentá-lo
d) haverem – enfrentar-lhe
e) haverem – enfrentá-la

02. Na frase "Não é à toa que vivemos na era da servidão voluntária" (l. 17 e 18), tem se a locução adverbial "à toa", que recebe acento indicativo de crase. Assinale a locução adverbial que está grafada INCORRETAMENTE, por não receber acento indicativo de crase.

a) às vezes.
b) às pressas.
c) às claras.
d) à pique.
e) à noite.

03. Com base exclusivamente no que o texto explicita, é correto afirmar que:

a) O lado de fora é a escolha da maioria dos homens, no mito da caverna.
b) O medo é a fonte magnetizadora do desconhecido, pois, na maioria das vezes, preferimos sair de nosso lugar para encará-lo.
c) A falta de vontade para modificar uma condição se deve ao medo do desconhecido, mas também ao inconformismo e à concretização de propósitos.
d) A pipoca e o refrigerante são mais atrativos para quem gosta de aproveitar oportunidades e edificar realizações.
e) A conquista da autonomia e a liberdade passam pela destruição das ilusões.

LÍNGUA PORTUGUESA

04. Quantos fonemas possui a palavra "desconhecido"?
a) Oito.
b) Nove.
c) Dez.
d) Onze.
e) Doze.

05. Qual das seguintes alternativas extraídas do texto apresenta uma palavra inexistente, considerando-se a Norma Culta da Língua Portuguesa, caso seja suprimido o seu acento?
a) Benefício.
b) Técnica.
c) Cobrará.
d) História.
e) Indivíduo.

06. O fragmento "por mais falsas que as sombras sejam" (l. 06) é constituído pela locução conjuntiva "por mais que". Conforme Domingos Paschoal Cegalla, em Novíssima Gramática da Língua Portuguesa, ela é classificada como:
a) Coordenativa adversativa.
b) Coordenativa explicativa.
c) Subordinativa comparativa.
d) Subordinativa concessiva.
e) Subordinativa condicional.

07. Sabe-se que os pronomes servem como recurso coesivo, ajudando a retomar termos anteriormente mencionados no texto, a fim de garantir a coerência do que nele é veiculado. Tomando-se por base tal pressuposto, considere as seguintes afirmações:
I. O pronome "dela" (l. 26) está retomando diretamente "a real capacidade dessas revoluções" (l.26).
II. O pronome "sua" (l. 30) está retomando diretamente "condições próprias" (l. 29).
III. O pronome "suas" (l. 44) está retomando diretamente "vezes" (l. 44).
Quais estão corretas?
a) Apenas I.
b) Apenas II.
c) Apenas III.
d) Apenas I e II.
e) Apenas II e III.

08. No excerto "as rochas, que o olhar de servo entende como de proteção" (l. 08), o termo "olhar" pertence a qual das seguintes classes gramaticais?
a) Advérbio.
b) Verbo.
c) Adjetivo.
d) Conjunção.
e) Substantivo.

09. Sobre o uso das aspas, que ocorre em situações pontuais do texto, considere as seguintes afirmações:
I. O termo "fantasioso" (l. 19) está entre aspas para indicar a elipse de um termo.
II. A expressão "era da servidão voluntária" (l. 20) está entre aspas por aparecer no fim de um período gramaticalmente completo.
III. Em "Por vezes as pessoas não querem ouvir a verdade, porque não desejam que as suas ilusões sejam destruídas" (l. 44-45), as aspas são usadas para indicar a citação de um pensamento de outro autor.

Quais estão corretos?
a) Apenas I.
b) Apenas II.
c) Apenas III.
d) Apenas I e II.
e) Apenas II e III.

10. O termo "cinema" (l. 42) é decorrente do processo de formação de palavras conhecido como:
a) Derivação.
b) Redução.
c) Composição.
d) Hibridismo.
e) Onomatopeia.

Educação pode (mesmo) aplacar a violência

Por Valéria Bretas

Destinar mais recursos à educação é o caminho certo para a redução da taxa de homicídios: é o que diz a análise do Instituto de Pesquisa Econômica e Aplicada (IPEA) divulgada recentemente, _____, para cada 1% a mais de jovens entre 15 e 17 anos nas escolas, há uma diminuição de 2% na taxa de pessoas assassinadas nos municípios brasileiros. "Segundo as nossas estimativas, a probabilidade de um indivíduo com até sete anos de estudo ser assassinado, no Brasil, é 15,9 vezes maior de

LÍNGUA PORTUGUESA

outro indivíduo que tenha ingressado na universidade, o que mostra que a educação é um verdadeiro escudo contra os homicídios no

Brasil", afirma o responsável pelo estudo, Daniel Cerqueira, doutor pela PUC-Rio e técnico de Planejamento e Pesquisa do IPEA.

De acordo com o pesquisador, há teorias e evidências empíricas internacionais que mostram que o impulso ao crime não é uma constante na vida do indivíduo, mas segue um ciclo que se inicia aos 13 anos, atinge um ápice entre 18 e 20 anos e termina aos 30 anos. "No Brasil, além da questão da juventude, os indivíduos que sofrem e que cometem homicídio têm baixa escolaridade (não completaram sequer o ensino fundamental) e são moradores das periferias ou de comunidades pobres nas grandes cidades. São jovens _____ infância foi marcada por um aprendizado de violência doméstica e, fora de casa, aprenderam na pele que os direitos de cidadania são para poucos. Eles enxergam no crime aquilo que dificilmente conseguiriam de outra forma: bens materiais, respeito e status social", diz Cerqueira. Para ele, a melhora na qualidade dos serviços educacionais pode evitar que estudantes já matriculados abandonem a escola. Por consequência, isso reduz a necessidade de o jovem se envolver em crimes, já que, com muitas portas fechadas – na família, no convívio social, na escola e no mercado de trabalho –, a única porta aberta será o mercado do crime, com a possibilidade de retornos financeiros e simbólicos rápidos.

No entanto, apesar de o Brasil ser uma das nações que mais direcionam recursos para a educação, o país ainda patina quando se leva em conta o gasto por aluno da educação básica. De acordo com o relatório 2015 da Organização para Cooperação e Desenvolvimento Econômico (OCDE), o Brasil gastou cerca de 3,4 mil dólares anuais por aluno da rede de educação básica.

Enquanto isso, a média global ultrapassa os 9,3 mil dólares por estudante dos anos iniciais. O técnico de Planejamento e Pesquisa do IPEA explica que o gasto público com educação básica, por aluno, é equivalente a 1/4 do valor investido no ensino superior em nosso país. "Ou seja, o Estado brasileiro gasta muito com educação, mas não é para o ensino básico e não é para os pobres", diz Cerqueira.

Além disso, segundo ele, o que o país faz, hoje, é oferecer uma escola (pública) que não motiva, não estimula e não conquista as mentes e os corações dos jovens. "São verdadeiras linhas de produção, que procuram incutir na memória das crianças e jovens um incrível conjunto de informações enciclopédicas, que não dizem nada e não reconhecem suas trajetórias individuais e sociais", diz o especialista. Na visão de Cerqueira, é importante que se diga que a escola convencional, ainda que seja totalmente reformulada e aprimorada, não atingirá um determinado grupo de jovens. Afinal, são indivíduos que já trilharam outra trajetória, apartada desse ambiente escolar tradicional. "São jovens que tiveram problemas comportamentais e socioemocionais na primeira infância, que terminaram, inclusive, enveredando no caminho das transgressões e dos crimes. Para esses jovens, ... modelos alternativos", sentencia o especialista.

Texto adaptado especialmente para esta prova. Disponível em: https://exame.abril.com.br/brasil/
educacao-pode-mesmo-aplacar-a-violencia-veja-como/

11. Assinale a alternativa que completa, correta e respectivamente, as lacunas tracejadas das linhas 03 e 17.
a) segundo a qual – cuja
b) a qual – cuja a
c) da qual – cujos
d) perante a qual – que a
e) sobre a qual – onde a

12. Das alternativas a seguir, assinale a que NÃO pode completar a lacuna pontilhada da linha 46, pois acarretaria erro de concordância ou incoerência.
a) devem ser oferecidos
b) deve oferecer
c) devemos oferecer
d) é necessário oferecer
e) convém oferecer

13. Considere as seguintes informações sobre o texto lido:

I. O estudioso do assunto apresenta uma espécie de perfil do jovem brasileiro envolvido em violência: os jovens que cometem assassinatos, tanto quanto os que são assassinados, compõem uma parcela populacional com poucos anos de estudo.

II. Quanto maior o tempo de permanência na escola, ainda segundo o estudioso, mais se reduz a possibilidade de um jovem ser assassinado ou virar um assassino.

III. O Brasil realiza investimentos em educação; entretanto, os benefícios pouco alcançam o contingente de população mais pobre e, consequentemente, mais carente de tais recursos.

IV. O pesquisador defende que se ofereça um modelo de educação conservador e rígido a fim de retirar os jovens do caminho das transgressões e crimes.

Quais delas estão de acordo com texto?
a) Apenas I e III.
b) Apenas II e III.
c) Apenas II e IV.
d) Apenas I, II e III.
e) I, II, III e IV.

14. As alternativas seguintes trazem propostas de substituição de elementos no texto. Assinale aquela que NÃO pode ser aceita sob pena de prejudicar sintaticamente o segmento em que se encontra.

a) Por consequência (l. 22) por Consequentemente.
b) já que (l. 22 e 23) por pois.
c) No entanto (l. 26) por Contudo.
d) Além disso (l. 36) por Ademais.
e) ainda que (l. 41) por apesar.

15. Considere a seguinte oração, retirada do texto, e o que se afirma sobre ela. [...] o impulso ao crime não é uma constante na vida do indivíduo [...].

I. Tem sujeito simples e predicado nominal.

II. O termo "uma constante" é objeto direto.

III. O termo "ao crime" é complemento nominal.

Quais estão corretas?

a) Apenas I.
b) Apenas III.
c) Apenas I e III.
d) Apenas II e III.
e) I, II e III.

16. Assinale a alternativa em que aparecem palavras, todas retiradas do texto, que têm o mesmo número de letras e de fonemas.

a) homicídios – pesquisa.
b) sequer – ensino.
c) corações – técnico.
d) assassinado – linhas.
e) probabilidade – taxa.

17. No segmento "Destinar mais recursos à (l. 01), o verbo "Destinar" determina o emprego do sinal indicativo de crase. Ignorando qualquer eventual mudança de sentido, qual das seguintes alternativas tornaria obrigatória a mudança dessa estrutura?

a) Encaminhar.
b) Conceder.
c) Dar.
d) Investir.
e) Designar.

18. Analise o que se afirma sobre o emprego de vírgulas na seguinte frase retirada do texto.

Além disso, segundo ele, o que o país faz, hoje, é oferecer uma escola (pública) que não motiva, não estimula e não conquista as mentes e os corações dos jovens.

I. As duas primeiras vírgulas separam termos com valor de adição e conformidade, respectivamente.
II. A terceira vírgula, que antecede "hoje", pode ser retirada da frase sem ocasionar erro gramatical.
III. A quinta vírgula, que antecede "não", separa orações de mesmo valor sintático.

Quais estão corretas?
a) Apenas I.
b) Apenas II.
c) Apenas I e III.
d) Apenas II e III.
e) I, II e III.

19. Assinale a alternativa em que uma das palavras difere das outras duas em relação à regra que determina a acentuação gráfica.
a) há – já – têm.
b) doméstica – empíricas – pública.
c) municípios – indivíduo – média.
d) trajetórias – infância – convívio.
e) dólares – rápidos – básica.

20. Considere os seguintes fragmentos retirados do texto:
- o país ainda patina;
- uma escola (pública) que não motiva, não estimula e não conquista as mentes e os corações dos jovens.

O sentido seria preservado se os termos sublinhados, no contexto dado, fossem substituídos, respectivamente, por:
a) desliza – domina.
b) vacila – encanta.
c) escorrega – derrota.
d) flutua – cativa.
e) resvala – vence

Celular ligado na tomada: perigo

Aline Ecker

É comum chegar em casa e colocar o celular para carregar em cima da cama para conferir as redes sociais, ouvir música antes de dormir ou até mesmo deitar com o aparelho ligado na tomada, ficar mexendo nele até pegar no sono e, às vezes, deixar

LÍNGUA PORTUGUESA

embaixo do travesseiro ou ao lado dele, certo? Então, um alerta: você corre um sério risco. O aparelho pode ter um curto circuito e provocar um incêndio na sua cama, enquanto você está dormindo. Há, também, a possibilidade de o carregador explodir. Embora casos com vítimas fatais sejam raros, acidentes como choques e incêndios podem ocorrer com facilidade, por motivos que vão desde falhas na instalação elétrica ou uso de carregador pirata. Para evitar esse tipo de acidente, confira algumas dicas: evite o uso do celular enquanto ele estiver conectado na rede elétrica; tire o carregador da tomada em caso de raios durante temporais; tire o carregador da tomada se o celular estiver com a bateria completa; nunca carregue o celular em ambientes úmidos como banheiros ou próximo de piscina; não deixe o aparelho exposto ao sol ou a excesso de calor.

(Fonte: http://pioneiro.clicrbs.com.br/rs/geral/noticia/2018/08/veja-os-perigos-de-deixar-o-celularligado-na--tomada-e-sobre-a-cama-ou-sofa-10538948.html - adaptado)

21. O texto tem por objetivo:
    a) Alertar sobre o risco que existe ao deixarmos o celular carregando embaixo do travesseiro, pois é o calor do nosso corpo que pode causar uma explosão.
    b) Conscientizar as pessoas sobre o quanto o uso de celular antes de dormir pode atrapalhar a qualidade do sono.
    c) Alertar sobre os riscos que existem ao deixarmos o celular carregando, ligado na tomada, e também dar dicas sobre como prevenir acidentes com os aparelhos.
    d) Dar dicas de como carregar o celular durante a noite para que no dia seguinte a bateria não termine.
    e) Informar sobre o grande número de mortes causadas por incêndios iniciados a partir de celulares que explodiram enquanto carregavam.

22. Assinale a alternativa que apresenta uma informação correta, de acordo com o texto.
    a) Desconectar o carregador da tomada em momentos de muitos raios é uma forma de evitar acidentes.
    b) Muitas pessoas morrem em incêndios causados por explosões de celulares.
    c) Não é perigoso deixar o celular carregando ao lado do travesseiro.
    d) Carregadores que não são originais de fábrica, ou seja, carregadores piratas, são mais seguros e não oferecem risco de causar incêndios.
    e) Deixar o celular conectado ao carregador e na tomada, mesmo que ele já esteja totalmente carregado, não pode causar qualquer tipo de acidente.

23. Assinale a alternativa que apresenta uma palavra que poderia substituir, sem alterar o sentido do texto, a palavra "provocar" (linha 05).
    a) afastar.
    b) causar.
    c) prevenir.
    d) evitar.
    e) aliviar.

24. Assinale a alternativa que apresenta palavra de sentido sinônimo, ou seja, o mesmo sentido de "motivos" (linha 08).
   a) Acertos.
   b) Cuidados.
   c) Objetivos.
   d) Consequências.
   e) Razões.

25. Qual das alternativas abaixo apresenta a correta separação silábica da palavra "facilidade"?
   a) faci-li-da-de.
   b) fa-cili-da-de.
   c) fa-ci-lida-de.
   d) fa-ci-li-da-de.
   e) faci-li-dade.

26. Assinale a alternativa que apresenta palavra de sentido antônimo, ou seja, contrário à "raros" (linha 07).
   a) Comuns.
   b) Estranhos.
   c) Anormais.
   d) Incomuns.
   e) Improváveis.

27. Assinale a alternativa que contém palavra com o mesmo número de fonemas que "falhas".
   a) Convite.
   b) Celular.
   c) Chapéu.
   d) Carregador.
   e) Até.

28. Qual das alternativas apresenta palavra com dígrafo?
   a) Cama.
   b) Casos.
   c) Tomada.
   d) Banheiros.
   e) Bateria.

LÍNGUA PORTUGUESA

29. Apenas uma das palavras abaixo deve ser acentuada. Assinale-a.
   a) Aberto.
   b) Foto.
   c) Caixote.
   d) Ideia.
   e) Lampada.

30. A palavra "próximo" é escrita com X, mas tem som de SS. Assinale a alternativa em que ocorra o mesmo caso.
   a) Complexo.
   b) Máximo.
   c) Exagero.
   d) Relaxar.
   e) Exato.

31. A palavra "carregador" é escrita com RR. Assinale a alternativa em que o mesmo caso ocorra.
   a) So_iso.
   b) Me_ecimento.
   c) Ho_ário.
   d) Pa_alelo.
   e) O_ação.

32. Qual das alternativas abaixo apresenta um substantivo concreto, ou seja, palavra que denomina um objeto real?
   a) Você.
   b) Um.
   c) Carregar.
   d) Úmido.
   e) Cama.

33. Assinale a alternativa que apresenta um advérbio de negação.
   a) Piscina.
   b) Uma.
   c) Nunca.
   d) Tire.
   e) Fatais.

34. Assinale a alternativa que apresenta uma palavra trissílaba.
a) Vezes.
b) Travesseiro.
c) Risco.
d) Elétrica.
e) Explodir.

35. Assinale a alternativa que apresenta encontro vocálico.
a) Completa.
b) Incêndio.
c) Rede.
d) Pirata.
e) Tomada.

"Sou eu que endoideço mais ou é esta cidade?"

Por Jackson César Buonocore

Coringa lembra mais um filme de terror, em que o pavor e a pulsão tomam conta do público do início ao fim da película. O diretor Todd Phillips nos surpreende como resgate da tradição do realismo social, um verdadeiro "reality show" de opressão e humilhação. A Gotham City é uma sinopse dos Estados Unidos, que recompensa os ricos, venera as celebridades, corta os serviços públicos e empurra os desvalidos para o crime. Arthur Fleck, nome do Coringa no filme, revela que a insanidade não está apenas nele, mas na divisão entre vencedores e perdedores.

Nos últimos 30 anos, o Coringa se transfigurou em um dos papéis mais istriônicos que um ator pode interpretar, permitindo-lhe fazer loucuras dramáticas para incorporar o personagem. Para encarnar o Coringa, Joaquin Phoenix perdeu 23 quilos e ensaiou durante quatro meses suas diferentes risadas cinistras. O filme é turbinado pelo show de interpretação de Phoenix, com uma atuação intensamente corporal, que converte Arthur em um personagem sombrio, que se maquia de palhaço, pinta o cabelo de verde e traz para fora de si o demente Coringa.

A agonia de Arthur, que não se expressa só em seu riso corrosivo, _____ diversas tonalidades. De cada músculo do seu corpo esquálido é erigida uma coreografia elegante e sincronicamente patética. Coringa traz ___ baila a nossa insanidade social quando diz: "Sou eu que endoideço mais ou é esta cidade?". O complexo de inferioridade é mecanismo de defesa criado por Arthur, que expõe o fato de viver em uma cidade injusta. Ele cuida da mãe enferma, sofre discriminação, passa por dificuldades econômicas e não tem relação com ninguém além da família. Por isso, Coringa se queixa à sua terapeuta após cometer o primeiro crime: "Durante toda a minha vida, eu não sabia se realmente existia, mas existo. E as pessoas estão começando a perceber".

LÍNGUA PORTUGUESA

Assim, o Coringa revela que os indivíduos que foram submetidos às barbaridades desde a infância demonstram de maneira escandalosa suas experiências negativas, entre elas: depressão, ansiedade, transtornos alimentares, agressividade, compulsão por sexo, etc. A cidade é o contexto que torna o personagem violento, pois as cenas denunciam que os oprimidos se transformam em opressores e reproduzem o modo de vida de uma sociedade insana.

Portanto, o filme provoca um debate sobre a solidão, a violência física e psicológica, notadamente sobre a saúde mental, que é modelada por Gotham City, uma cidade fictícia marcada pela brutalidade, pela imundície e pela desordem, já que a loucura do Coringa é impregnada pela loucura do mundo. É por isso que o filme gerou polêmica nos Estados Unidos por glorificar a violência, em um país pródigo na ocorrência de vários atentados a tiros. Aliás, o longa-metragem nos mostra que é cada vez mais comum ver pessoas depressivas e ansiosas em grandes e médias cidades por causa de uma notória urbanização desigual.

Então, o palhaço interpretado por Phoenix deixa claro para os cinéfilos que o vilão sofre de transtornos psiquiátricos: ele toma remédios diferentes, cita ter sido internado num hospício, devaneia sobre uma relação que não teve e dá risadas destoantes de suas emoções. Por fim, o resultado compõe o retrato de um homem insano, com um grande complexo de Édipo, que se sente excluído pela sua cidade, ou seja, um drama que faz um link com a vida real de homens e mulheres que vagueiam pelas urbes adoecidas, cometendo doidices e crimes. Texto adaptado.

Disponível em: https://www.contioutra.com/coringa-sou-so-eu-ou-esta-cidade-estaficando-cada-vez-mais-louca/

36. Sobre a grafia de certas palavras extraídas do texto, analise as afirmações abaixo e assinale V, se verdadeiras, ou F, se falsas.

( ) "istriônicos" (l. 08) está escrita corretamente.

( ) "cinistras" (l. 11) está escrita incorretamente.

( ) "corrosivo" (l. 15) está escrita corretamente.

( ) "imundície" (l. 32) está escrita incorretamente.

A ordem correta de preenchimento dos parênteses, de cima para baixo, é:

a) V – F – V – F.
b) F – V – F – V.
c) V – V – F – F.
d) F – F – V – V.
e) F – V – V – F.

37. As lacunas do terceiro parágrafo podem ser correta e respectivamente preenchidas por:

a) têm – a
b) contêm – à
c) tem – a

d) contém – à
e) têm – à

38. Para continuar introduzindo uma oração que exprime causa, a locução conjuntiva grifada "já que" (l. 32) NÃO poderá ser substituída por:
    a) visto que.
    b) ainda que.
    c) porque.
    d) porquanto.
    e) uma vez que.

39. Da oração "A Gotham City é uma sinopse dos Estados Unidos" (l. 04), o conteúdo sublinhado constitui o:
    a) objeto direto.
    b) objeto indireto.
    c) complemento nominal.
    d) predicativo do sujeito.
    e) predicativo do objeto.

40. Com base no que é exclusivamente explicitado pelo texto, é correto afirmar que:
    a) O ator Arthur Fleck faz loucuras dramáticas para incorporar o Coringa.
    b) De cada músculo do corpo esquálido de Todd Phillips é erigida uma coreografia elegante e sincronicamente patética.
    c) O personagem Coringa sofre discriminação por não se relacionar com quem passa por dificuldades financeiras.
    d) No filme Coringa, os opressores se transformam em oprimidos no contexto bucólico em que vive a sociedade insana.
    e) O filme Coringa mostra que a urbanização díspar nas médias e grandes cidades implica a popularização de casos de depressão e transtorno de ansiedade.

41. Assinale a alternativa que mostra corretamente uma locução prepositiva encontrada no texto.
    a) "em que" (l. 01).
    b) "si o" (l. 14).
    c) "por causa de" (l. 36 e 37).
    d) "sofre de" (l. 39).
    e) "sobre uma" (l. 40).

42. O termo "resgate" (l. 03) é decorrente do processo de formação de palavras denominado derivação:
    a) regressiva.

b) imprópria.
c) parassintética.
d) prefixal.
e) sufixal.

43. As vírgulas em destaque na linha 05 foram utilizadas para separar:
a) um aposto.
b) um vocativo.
c) um adjunto adverbial.
d) uma oração adverbial reduzida.
e) uma expressão retificativa.

44. O termo "sombrio" (l. 13) pode ser substituído por seu sinônimo:
a) exúbere.
b) consenciente.
c) fúnebre.
d) galhardo.
e) holístico.

45. Quantos fonemas possui a palavra "recompensa"?
a) sete.
b) oito.
c) nove.
d) dez.
e) onze.

A louca vida sexual das plantas

Mal entrou na puberdade e ela só quer, só pensa, em namorar. Uns argumentam que ainda é jovem, um botão em flor, mas isso nunca foi um grande problema para ela, que vem se preparando para desabrochar desde que era um brotinho. Apesar de ter criado raízes junto aos pais, sente que é hora de formar sua própria família e gerar seus rebentos. Para conceber as sementes dessa transformação silenciosa, a moça se insinua aos quatro ventos, ludibria os varões e cria sugestivas armadilhas. Se preciso, ela se vestirá de forma sensual e se cobrirá com perfumes, tudo para deixar sua herança na terra – e, com sorte, gerar bons frutos para as próximas gerações.

Sob a ótica de uma flor, um jardim é uma grande orgia. Cactos e ipês fazem. Trepadeiras, claro, fazem. A mais prosaica violeta e a rosa caríssima fazem. De fato, assim que provaram o gostinho da coisa pela primeira vez, cerca de 145 milhões de anos atrás,

415 milhões de anos depois de a primeira alga verde chegar à terra firme, as plantas logo perceberam que o sexo poderia trazer benefícios interessantes. Vamos a eles.

À primeira vista, o sexo parece pouco importante para as plantas. Isso porque a maior parte delas é hermafrodita: um mesmo indivíduo tem tanto um ovário, sua porção feminina, quanto grãos de pólen, pequenas estruturas que encerram os gametas masculinos. A reprodução sexuada, que leva o pólen até o ovário, não deveria, portanto, demandar grandes esforços. Mas não é isso que acontece na realidade. Uma flor só se entrega ao solitário prazer da fecundação própria quando sua sobrevivência está sob ameaça. É que um vegetal autofecundado cria descendentes geneticamente idênticos à mãe. Mal negócio. A reprodução sexuada junta e embaralha genes de dois indivíduos. O filho nasce com um código genético só dele (é precisamente o seu caso, leitor ou leitora – você é só um embaralhamento aleatório dos genes dos seus pais). A vantagem aí é que códigos genéticos novos produzem anticorpos inéditos na natureza. É uma bela vantagem do ponto de vista da espécie. Se um vírus mortal infectar todos os indivíduos de uma espécie, alguns vão sobreviver, já que provavelmente terão nascido com anticorpos que, por sorte, conseguem defendê-los do ataque. Se todos tivessem os mesmos genes, um único ataque viral poderia exterminar a espécie inteira. É por isso que você faz sexo. Não houvesse essa pressão evolutiva, não existiriam pênis, vagina, tesão, orgasmo. Nada.

Mas voltemos a falar de flores. Como não podem sair do lugar, as flores recorrem a aves, insetos e pequenos mamíferos — seus polinisadores — para misturar seu material genético ao de outras. Essa sacada garantiu às plantas floríferas uma diversidade enorme, se comparadas aos vegetais sem flor, como musgos, pinheiros e samambaias. Ainda assim, isso não quer dizer que uma flor jamais vai se fecundar sozinha. Há casos em que isso se torna necessário. Em condições normais, a violeta-africana produz flores no alto de hastes longas, boas para atrair a atenção de insetos e reproduzir-se embaralhando seus genes com os de outra flor, distante. Mas, se notar que as condições estão ruins — o clima ficou frio ou quente demais, por exemplo —, a mesma violeta pode gerar flores de haste curta, que ficam escondidas pelas folhas e se autofecundam ainda em botão.

Nesse caso, o alerta que vai determinar qual tipo de sexo elas vão praticar é dado por estruturas celulares especializadas, que registram alterações na intensidade da luz solar ou na quantidade de horas de escuro. "Uma planta é capaz de perceber mudanças mínimas na oferta de nutrientes ou mesmo detectar que os dias estão ficando mais curtos e, portanto, o inverno está chegando", diz o biólogo Thales Kronenberger, especialista em biologia molecular e parasitologia.

Texto adaptado especialmente para esta prova. Disponível em https://super.abril.com.br/ciencia/a-louca-vida-sexual-das-plantas/. Acesso em 09 out. 2018.

46. Qual das seguintes palavras encontradas no texto está grafada INCORRETAMENTE?
   a) insinua.
   b) ludibria.
   c) hermafrodita.

LÍNGUA PORTUGUESA

d) anticorpos.

e) polinisadores.

47. Qual das seguintes palavras que constam no texto está acentuada INCORRETAMENTE?

a) raízes.

b) pólen.

c) vírus.

d) defende-los.

e) florífera.

48. Considerando-se o conteúdo retratado pelo texto, é correto afirmar que:

a) um jardim é uma grande casa de espetáculos.

b) as flores são seres vivos mais antigos que as algas.

c) a autofecundação é uma opção reprodutiva para as flores em casos de alta gravidade.

d) aves, insetos e pequenos mamíferos misturam seu material genético com os das flores.

e) a inteligência de uma planta permite identificar mudanças no comportamento das sociedades.

49. Qual das seguintes alternativas apresenta um sinônimo da palavra "prosaica" (l. 10), sendo capaz de substituí-la de modo a preservar o sentido original da mensagem veiculada no texto?

a) vulgar.

b) complexa.

c) exuberante.

d) remota.

e) perfumada.

50. Na frase do texto "as plantas logo perceberam que o sexo poderia trazer benefícios interessantes", a palavra "perceberam" representa um verbo:

a) intransitivo.

b) transitivo direto.

c) transitivo indireto.

d) transitivo direto e indireto.

e) de ligação.

51. Na frase do texto "Não houvesse essa pressão evolutiva, não existiriam pênis, vagina, tesão, orgasmo. Nada", caso a palavra "pressão" fosse flexionada no plural, quantas outras palavras precisariam ser modificadas para garantir a correta concordância verbo-nominal?
a) uma.
b) duas.
c) três.
d) quatro.
e) cinco.

52. A qual classe gramatical pertence à palavra "mal" na frase "Mal entrou na puberdade e ela só quer, só pensa, em namorar" (l. 01)?
a) advérbio.
b) substantivo.
c) adjetivo.
d) interjeição.
e) conjunção.

53. O último período do texto apresenta o uso das aspas antes e depois de uma frase de autoria do biólogo Thales Kronenberger, especialista em biologia molecular e parasitologia. Sobre o emprego das aspas em um texto, considere as seguintes afirmações:
I. Ele serve para pôr em evidência palavras e expressões.
II. Ele é vedado quando há palavras estrangeiras.
III. Ele é proibido antes e depois de termos da gíria.
Quais estão corretas?
a) apenas I.
b) apenas II.
c) apenas III.
d) apenas I e II.
e) apenas II e III.

54. Analise as seguintes proposições quanto ao uso da crase em frases do texto:
I. Na frase "415 milhões de anos depois de a primeira alga verde chegar à terra firme", a crase deveria ser suprimida.
II. Na frase "À primeira vista, o sexo parece pouco importante para as plantas", a crase deveria ser eliminada.

III. Na frase "Essa sacada garantiu às plantas floríferas uma diversidade enorme", caso o verbo "garantir" fosse substituído pelo verbo "assegurar", o acento indicativo de crase seria mantido.

Quais estão corretas?

a) apenas I.
b) apenas II.
c) apenas I e II.
d) apenas I e III.
e) apenas II e III.

55. Da frase "um jardim é uma grande orgia", o fragmento "uma grande orgia" corresponde ao seu:
a) objeto direto.
b) objeto indireto.
c) objeto direto e indireto.
d) predicativo do objeto.
e) predicativo do sujeito.

A importância de cuidar da saúde

Conforme a Organização Pan-Americana da Saúde, estudos recentes mostraram um aumento no número de pessoas angustiadas, ansiosas e depressivas, especialmente entre os profissionais de saúde. Além disso, a organização também destaca que a pandemia causada pelo novo coronavírus pode aumentar os fatores de risco _____ essas doenças. "O que temos visto é um aumento nos casos de complicações psiquiátricas em consequência da pandemia, como depressão, transtornos de ansiedade e abuso de drogas", reforça a psiquiatra L. C.. Por isso, é necessário prestar atenção _____ principais sintomas que alertam para buscar atendimento especializado.

Sentir-se triste ou deprimido, repetidas vezes ao dia e durante a semana, associado _____ interesse nas atividades diárias, que antes eram prazerosas, são os principais sinais. Sentir-se dessa forma por algumas horas, ou mesmo um dia ou dois, mas depois mudar para um estado diferente, é uma modulação de humor normal do ser humano. O problema é quando essa variação deixa de acontecer, deixando apenas um mesmo estado de humor. A depressão, normalmente, caracteriza-se por episódios de tristeza e desânimo, mas também pode causar quadros de irritabilidade e intolerância. Esta outra forma de demonstração da doença é mais rara, mas aponta para a necessidade de se buscar atendimento médico. A falta de força de vontade pode ser, também, o início de um problema emocional. "Sempre que houver dúvida, vale buscar esclarecimento, mesmo que este só sirva para concluir que está tudo bem. Muitas vezes, depois de iniciado um tratamento, as pessoas exclamam: 'por que não fiz isso antes!'", diz L. C..

Infelizmente, muitos ainda têm preconceito quanto _____ tratamento psiquiátrico. Entretanto, as opções disponíveis atualmente são eficazes, e nada justifica alguém ficar sofrendo de forma desnecessária. As psicoterapias, associadas ou não à farmacoterapia, têm resultados excelentes", destaca a médica.

(Disponível em: https://www.hospitalmoinhos.org.br/institucional/blogsaudeevoce/entenda-aimportancia-
-de-cuidar-da-saude-mental – texto adaptado especialmente para esta prova.)

56. Considere o que se afirma sobre os seguintes termos do texto "Conforme" (l. 01), "Além disso" (l. 03), "Por isso" (l. 07) e "Entretanto" (l. 23):

I. São conjunções ou locuções conjuntivas coordenativas; ou seja, fazem parte de orações coordenadas.

II. Podem ser corretamente substituídas, no contexto em que se encontram, respectivamente por "Segundo", Ademais, "Portanto" e "Todavia".

III. Têm valor, respectivamente, de conformidade, adição, conclusão e adversidade.

IV. "Entretanto" também poderia ser corretamente substituído por "Contudo", "No entanto","Embora" ou "Conquanto".

Quais estão corretas?

a) Apenas I e II.
b) Apenas I e IV.
c) Apenas II e III.
d) Apenas I, II e III.
e) I, II, III e IV.

57. Assinale a alternativa que completa, correta e respectivamente, as lacunas das linhas 04, 07, 10 e 22

a) para – aos – à perda de – à busca por
b) à – aos – à perder – a buscar
c) para – nos – a perder – à buscar
d) a – em – à perda por – a busca em
e) com – nos – em perder – à busca de

58. Assinale a alternativa em que a reescrita do período a seguir apresenta mudança de sentido e erro de pontuação.

A depressão, normalmente, caracteriza-se por episódios de tristeza e desânimo, mas também pode causar quadros de irritabilidade e intolerância.

a) normalmente, a depressão caracteriza-se por episódios de tristeza e desânimo ainda que também possa causar quadros de irritabilidade e intolerância.
b) a depressão, que normalmente se caracteriza por episódios de tristeza e desânimo, também pode causar quadros de irritabilidade e intolerância.

LÍNGUA PORTUGUESA

c) a depressão normalmente caracteriza-se por episódios de tristeza e desânimo e pode causar quadros de irritabilidade e intolerância.

d) caracterizando-se normalmente por episódios de tristeza e desânimo, a depressão pode causar também quadros de irritabilidade e intolerância.

e) a depressão, normalmente caracteriza-se por episódios de tristeza e desânimo, causando também quadros de irritabilidade e intolerância.

59. Nos pares de vocábulos abaixo, em qual apenas uma das palavras tem mais letras do que fonemas?

a) humor – irritabilidade.
b) necessidade – quando.
c) consequência – doença.
d) especializado – humano.
e) triste – resultados.

60. Se os vocábulos "dúvida" (l. 18) e "esclarecimento" (l. 19) estivessem no plural, quantas outras alterações seriam necessárias para a manutenção da concordância na frase em questão?

a) cinco.
b) quatro.
c) três.
d) duas.
e) uma.

Gabaritos

01.	A	21.	C	41.	C
02.	D	22.	A	42.	A
03.	E	23.	B	43.	A
04.	D	24.	E	44.	C
05.	B	25.	D	45.	B
06.	D	26.	A	46.	E
07.	A	27.	C	47.	D
08.	E	28.	D	48.	C
09.	C	29.	E	49.	A
10.	B	30.	B	50.	B
11.	A	31.	A	51.	B
12.	B	32.	E	52.	E
13.	D	33.	C	53.	A
14.	E	34.	E	54.	D
15.	C	35.	B	55.	E
16.	E	36.	E	56.	C
17.	D	37.	D	57.	A
18.	C	38.	B	58.	E
19.	A	39.	D	59.	D
20.	B	40.	E	60.	D

LEGISLAÇÃO ESPECÍFICA

01. De acordo com o Estatuto dos Servidores Militares, a situação transitória na qual o servidor militar da ativa deixa de ocupar vaga na escala hierárquica de seu Quadro, nela permanecendo sem número, corresponde ao conceito de:
a) Agregação.
b) Deserção.
c) Excedente.
d) Desaparecido.
e) Licenciado.

02. A Lei Complementar nº 10.990/1997 estipula que: "_____ é a soma de autoridade, deveres e responsabilidades de que o servidor militar é investido legalmente, quando conduz homens ou dirige uma Organização Policial Militar, sendo vinculado ao grau hierárquico e constituindo prerrogativa impessoal, em cujo exercício o servidor militar se define e se caracteriza como chefe. Já, a _____ decorre, exclusivamente, da estrutura hierárquica da Brigada Militar e não afeta a dignidade pessoal do servidor militar.

Assinale a alternativa que preenche, correta e respectivamente, as lacunas do trecho acima.
a) Ordem – obediência
b) Comando – subordinação
c) Chefia – hierarquia
d) Supervisão – obediência
e) Hierarquia – disciplina

03. Segundo a Lei Complementar nº 10.990/1997, círculos hierárquicos são âmbitos de convivência entre os servidores militares da mesma categoria e têm a finalidade de desenvolver o espírito de camaradagem em ambiente de estima e confiança, sem prejuízo do respeito mútuo. Nesse contexto, relacione a Coluna 1 à Coluna 2 no que tange os Postos e Graduação a seus Círculos.

Coluna 1	Coluna 2
1. Oficiais Superiores.	( ) Coronel.
2. Oficiais Intermediários.	( ) Major.
3. Oficiais Subalterno.	( ) Capitão.
	( ) Primeiro Tenente.

A ordem correta de preenchimento dos parênteses, de cima para baixo, é:
a) 1 – 2 – 2 – 3.
b) 1 – 1 – 2 – 3.
c) 2 – 1 – 2 – 3.
d) 2 – 2 – 3 – 1.
e) 3 – 3 – 1 – 2.

LEGISLAÇÃO ESPECÍFICA

04. O comportamento Policial-Militar dos Praças espelha o seu procedimento civil e policial-militar sob o ponto de vista disciplinar. Ao ser incluído na Brigada Militar, o Praça será classificado com comportamento bom. Quando no período de doze meses o policial-militar praça tenha sofrido até duas punições de detenção com prejuízo do serviço ou o equivalente, e mais uma outra punição qualquer, é considerado um comportamento:

a) Ótimo.
b) Péssimo.
c) Insuficiente.
d) Mediano.
e) Mau.

05. No que tange ao Decreto Estadual nº 43.245/2004, assinale a alternativa correta.

a) As sanções disciplinares têm função punitiva e visam à preservação da disciplina em benefício do punido, da coletividade a que ele pertence e também à garantia da eficiência na prestação dos serviços.

b) A advertência, forma mais branda das sanções, será aplicada reservadamente, sendo registrada unicamente nos assentamentos individuais do transgressor.

c) A prisão é uma das sanções disciplinares aplicáveis aos Militares Estaduais.

d) O tempo de cumprimento da punição contar-se-á do trânsito em julgado da sentença condenatória até o momento em que for posto em liberdade.

e) A exclusão a bem da disciplina será aplicada ex-officio ao praça com estabilidade, de acordo com o prescrito no Estatuto dos Servidores Militares do Estado, independentemente de manifestação do Conselho de Disciplina nos termos da legislação específica.

06. Relativamente às transgressões disciplinares constantes no Anexo I do Decreto Estadual nº 43.245/2004, relacione a Coluna 1 à Coluna 2.

Coluna 1	Coluna 2
1. Transgressão de natureza leve.	( ) Afastar-se do local em que deva encontrar-se por força de ordens ou disposições legais.
2. Transgressão de natureza média.	( ) Andar armado, estando em trajes civis, sem o cuidado de ocultar a arma.
3. Transgressão de natureza grave.	( ) Maltratar preso sob sua guarda.
	( ) Deixar, o Militar Estadual, de portar o seu documento de identidade funcional, quando de serviço ou trajando uniforme da Brigada Militar.

A ordem correta de preenchimento dos parênteses, de cima para baixo, é:
a) 1 – 2 – 3 – 2.
b) 2 – 3 – 2 – 1.
c) 3 – 1 – 2 – 3.
d) 2 – 2 – 3 – 1.
e) 3 – 1 – 1 – 2.

07. A Lei conhecida como "Lei Maria da Penha" trata sobre qual atitude que deve ter a atenção do Guarda Municipal durante o exercício das suas atividades?
a) Cuidado com a circulação no trânsito urbano.
b) Monitoramento das ciclovias intermunicipais.
c) Controle do uso de drogas em escolas municipais.
d) Cuidado com a violência doméstica contra a mulher.
e) Direitos políticos do cidadão em local público.

08. Segundo a Lei Complementar nº 10.992/1997, para a promoção ao posto de Major, o ocupante do posto de Capitão deverá ter prestado serviços em órgão de execução por um período, consecutivo ou não, de, no mínimo, três anos e ter concluído, com aprovação, o Curso:
a) Superior de Formação de Oficiais.
b) Superior de Defesa Pessoal.
c) Avançado de Administração Policial Militar.
d) De Especialização em Políticas e Gestão de Segurança Pública.
e) Tático antibomba e antissequestro.

09. Considerando o regramento previsto na Lei Federal nº 11.340/2006 (Lei Maria da Penha), analise as afirmações que seguem:

I. Esta Lei cria mecanismos para coibir e prevenir a violência doméstica e familiar contra a mulher, e estabelece medidas de assistência e proteção às mulheres em situação de violência doméstica e familiar.

II. Esta lei protege mulheres que se encontrem em condições financeiras desfavoráveis, dispondo sobre a necessidade de tratamento diferenciado à mulher no mercado de trabalho.

III. O poder público desenvolverá políticas que visem a garantir os direitos humanos das mulheres no âmbito das relações domésticas e familiares no sentido de resguardá-las de toda forma de negligência, discriminação, exploração, violência, crueldade e opressão.

Quais estão corretas?

a) Apenas I.
b) Apenas II.
c) Apenas I e II.
d) Apenas I e III.
e) Apenas II e III.

10. Uma mulher pediu ajuda ao Guarda Municipal para registrar o fato de seu companheiro conjugal estar lhe forçando a praticar atos sexuais que define como contrários aos seus costumes e entendimentos morais, mediante constantes gritos e violência psicológica contra a sua pessoa. Com base em qual legislação atuará esse agente da segurança municipal?

a) Lei do Ventre Livre.
b) Lei Maria da Penha.
c) Código de Ética Matrimonial.
d) Lei das Penas Alternativas de Liberdade.

11. Leia a seguinte notícia, publicada na Revista Exame em 05/12/2018: "O plenário da Câmara dos Deputados aprovou projeto de lei que obriga agressor a ressarcir o Sistema Único de Saúde por custos com vítimas de violência doméstica. A medida, que visa aumentar o rigor da Lei Maria da Penha, também determina que dispositivos de segurança usados no monitoramento das vítimas sejam custeados pelo agressor. A matéria segue para o Senado". No que se refere à Lei Federal nº 11.340/2006, que cria mecanismos para coibir a agressão contra a mulher, relacione a Coluna 1 à Coluna 2, associando algumas das formas de violência doméstica e familiar às suas definições.

Coluna 1	Coluna 2
1. Física.	( ) Qualquer conduta que lhe cause dano emocional e diminuição da autoestima ou que lhe prejudique e perturbe o pleno desenvolvimento ou que vise degradar ou controlar suas ações, comportamentos, crenças e decisões, mediante ameaça, constrangimento, humilhação, manipulação, isolamento, vigilância constante, perseguição contumaz, insulto, chantagem, ridicularização, exploração e limitação do direito de ir e vir.
2. Moral.	( ) Qualquer conduta que ofenda sua integridade ou saúde corporal.
3. Psicológica.	( ) Qualquer conduta que configure calúnia, difamação ou injúria.

A ordem correta de preenchimento dos parênteses, de cima para baixo, é:

a) 3 – 1 – 2.
b) 1 – 2 – 3.
c) 3 – 2 – 1.
d) 2 – 1 – 3.
e) 2 – 3 – 1.

12. "Senado será iluminado de lilás para lembrar 13 anos da Lei Maria da Penha – A cúpula e o Anexo 1 do Senado serão iluminados com a cor lilás, de 1º a 25 de agosto, para lembrar os 13 anos da Lei Maria da Penha (Lei nº 11.340/2006), que cria mecanismos para coibir a violência doméstica e familiar contra a mulher. Mais de 1,6 milhão de mulheres foram espancadas ou sofreram tentativas de estrangulamento no Brasil nos últimos 12 meses. Nesse mesmo período, afirma, 22 milhões de brasileiras (37,1%) passaram por algum tipo de assédio. (Texto adaptado. Fonte: o documento.com.br, de 01/08/2019).

Conforme a referida lei, relacione a Coluna 1 à Coluna 2, associando as formas de violência doméstica e familiar contra a mulher às suas definições.

Coluna 1	Coluna 2
1. Violência Física.	( ) Qualquer conduta que a constranja a presenciar, a manter ou a participar de relação sexual não desejada, mediante intimidação, ameaça, coação ou uso da força; que a induza a comercializar ou a utilizar, de qualquer modo, a sua sexualidade, que a impeça de usar qualquer método contraceptivo ou que a force ao matrimônio, à gravidez, ao aborto ou à prostituição, mediante coação, chantagem, suborno ou manipulação; ou que limite ou anule o exercício de seus direitos sexuais e reprodutivos.
2. Violência Patrimonial.	( ) Qualquer conduta que configure retenção, subtração, destruição parcial ou total de seus objetos, instrumentos de trabalho, documentos pessoais, bens, valores e direitos ou recursos econômicos, incluindo os destinados a satisfazer suas necessidades.
3. Violência Psicológica.	( ) Qualquer conduta que lhe cause dano emocional e diminuição da autoestima ou que lhe prejudique e perturbe o pleno desenvolvimento ou que vise degradar ou controlar suas ações, comportamentos, crenças e decisões, mediante ameaça, constrangimento, humilhação, manipulação, isolamento, vigilância constante, perseguição contumaz, insulto, chantagem, violação de sua intimidade, ridicularização, exploração e limitação do direito de ir e vir ou qualquer outro meio que lhe cause prejuízo à saúde psicológica e à autodeterminação.
4. Violência Sexual.	( ) Qualquer conduta que ofenda sua integridade ou saúde corporal.

A ordem correta de preenchimento dos parênteses, de cima para baixo, é:

a) 4 – 3 – 2 – 1.
b) 4 – 2 – 3 – 1.
c) 2 – 3 – 4 – 1.
d) 2 – 4 – 1 – 3.
e) 1 – 4 – 2 – 3.

13. A Lei Maria da Penha cria mecanismos para coibir a violência doméstica e familiar, conferindo proteção diferenciada ao gênero tido como vulnerável quando inserido em situações legais específicas elencadas na Lei nº 11.340/2006. Considerando a citada lei especial, assinale a alternativa **INCORRETA**.

a) Segundo leitura estrita da lei em análise, configura violência doméstica e familiar contra a mulher qualquer ação ou omissão que lhe cause morte, lesão, sofrimento físico, sexual ou psicológico e dano moral ou patrimonial.

b) Embora haja decisões isoladas admitindo a aplicação da Lei Maria da Penha a favor de homens, pode-se dizer que a incidência da citada lei está condicionada à presença de 3 (três) pressupostos não alternativos, quais sejam: sujeito passivo mulher; prática de violência física, psicológica, sexual, patrimonial ou moral; violência dolosa praticada no âmbito da unidade doméstica, no âmbito da família, ou em qualquer relação íntima de afeto.

c) Para a caracterização da violência doméstica e familiar contra a mulher, não é necessário que a violência seja perpetrada por pessoas de sexo diverso.

d) Confirmando a discricionariedade dispensada ao trabalho investigatório da autoridade policial, prevê a Lei Maria da Penha que a autoridade policial deve colher todas as provas que servirem para o esclarecimento do fato e de suas circunstâncias.

e) As relações pessoais enunciadas na Lei em comento independem de orientação sexual.

14. De acordo com a Lei Maria da Penha e o entendimento sobre o tema pelos Tribunais Superiores, analise as assertivas que seguem e assinale V, se verdadeiras, ou F, se falsas.

( ) Maria foi agredida com socos por seu namorado, sem que tenham ocorrido lesões corporais, caracterizando vias de fato. Nesse caso, deverá representar contra o agressor para a instauração de inquérito policial.

( ) Mesmo que se trate de namoro duradouro, Maria não poderá receber medidas protetivas previstas na Lei nº 11.340/2013 em decorrência das agressões sofridas, ainda que medidas cautelares diversas da prisão constantes no Art. 319, do CPP, possam ser deferidas em seu favor.

( ) Quando um irmão agride uma irmã, na morada comum, tendo se valido de sua autoridade para subjugar a vítima, é possível o deferimento de medidas protetivas em favor da agredida.

( ) O delito de estupro contra mulher maior de 18 anos é processado mediante ação penal privada.

( ) O delito de injúria (Art. 140, *caput*, CP) praticado contra mulher no contexto de violência de gênero é processado mediante ação pública incondicionada.

A ordem correta de preenchimento dos parênteses, de cima para baixo, é:

a) V – F – V – F – V.
b) V – V – F – F – V.
c) F – F – V – V – F.
d) F – V – F – V – F.
e) F – F – V – F – F.

15. Quanto às formas de violência doméstica e familiar contra a mulher e seus respectivos entendimentos, relacione a Coluna 1 à Coluna 2.

Coluna 1	Coluna 2
1. Física.	( ) Qualquer conduta que configure retenção, subtração, destruição parcial ou total de seus objetos, instrumentos de trabalho, documentos pessoais, bens, valores e direitos ou recursos econômicos, incluindo os destinados a satisfazer suas necessidades.
2. Psicológica.	( ) Qualquer conduta que ofenda sua integridade ou saúde corporal.
3. Sexual.	( ) Qualquer conduta que, dentre outras, limite ou anule o exercício de seus direitos sexuais e reprodutivos.
4. Patrimonial.	( ) Qualquer conduta que configure calúnia, difamação ou injúria.
5. Moral.	( ) Qualquer conduta que lhe cause dano emocional e diminuição da autoestima, dentre outras.

A ordem correta de preenchimento dos parênteses, de cima para baixo, é:
a) 4 – 1 – 3 – 5 – 2.
b) 2 – 3 – 4 – 1 – 5.
c) 5 – 2 – 1 – 4 – 3.
d) 1 – 4 – 5 – 2 – 3.
e) 4 – 5 – 2 – 3 – 1.

16. Com base no art. 7º da Lei Federal nº 11.340/2006, analise as assertivas que seguem, relativas às formas de violência doméstica e familiar contra a mulher, e assinale V, se verdadeiras, ou F, se falsas.

( ) A violência intelectual, entendida como qualquer conduta que configure retenção, subtração, destruição parcial ou total de seus objetos, instrumentos de trabalho, documentos pessoais, bens, valores e direitos ou recursos econômicos, incluindo os destinados a satisfazer suas necessidades.

( ) A violência física, entendida como qualquer conduta que ofenda sua integridade ou saúde corporal.

( ) A violência moral, entendida como qualquer conduta que configure calúnia, difamação ou injúria.

( ) A violência psicológica, entendida como qualquer conduta que a constranja a presenciar, a manter ou a participar de relação sexual não desejada, mediante intimidação, ameaça, coação ou uso da força.

A ordem **correta** de preenchimento dos parênteses, de cima para baixo, é:
a) F – V – F – V.
b) V – F – F – V.
c) V – V – F – F.
d) V – F – V – F.
e) F – V – V – F.

17. De acordo com o art. 5º da Lei Federal nº 11.340/2006, configura violência doméstica e familiar contra a mulher qualquer ação ou omissão, baseada no gênero, que lhe cause:

I. Morte ou lesão.

II. Sofrimento físico, sexual ou psicológico.

III. Dano moral ou patrimonial.

Quais estão **corretas**?

a) Apenas I.
b) Apenas II.
c) Apenas I e II.
d) Apenas II e III.
e) I, II e III.

18. Considerando o regramento previsto na Lei nº 11.340/2006 (Lei Maria da Penha), que cria mecanismos para coibir a violência doméstica contra a mulher, analise as seguintes assertivas:

I. A violência doméstica e familiar contra a mulher, objeto da referida legislação, compreende a violência física, entendida como qualquer conduta que ofenda sua integridade ou saúde corporal, e também a violência psicológica, estando excluída dessa legislação especial qualquer forma de violência patrimonial.

II. O juiz determinará, por prazo certo, a inclusão da mulher em situação de violência doméstica e familiar no cadastro de programas assistenciais do governo federal, estadual e municipal.

III. A violação doméstica contra a mulher constitui uma das formas de violação dos direitos humanos.

Quais estão corretas?

a) Apenas I.
b) Apenas II.
c) Apenas III.
d) Apenas I e II.
e) Apenas II e III.

19. Considerando o regramento previsto na Lei Maria da Penha, analise as afirmações que seguem:

I. Para os efeitos desta Lei, configura violência doméstica e familiar contra a mulher qualquer ação ou omissão baseada no gênero que lhe cause morte, lesão, sofrimento físico ou sexual, excluídos os danos psicológico e moral.

II. As relações pessoais enunciadas nesta Lei independem de orientação sexual.

III. A violência doméstica e familiar contra a mulher constitui uma das formas de violação dos direitos humanos.

Quais estão corretas?

a) Apenas I.
b) Apenas II.
c) Apenas I e II.
d) Apenas I e III.
e) Apenas II e III.

20. A Constituição Federal, em relação aos direitos e deveres individuais e coletivos, define que as penas serão regulamentadas e individualizadas através de lei. Segundo as disposições da CF, não haverá no Brasil a pena de:

a) Perda de bens.
b) Caráter perpétuo.
c) Prestação social alternativa.
d) Privação ou restrição da liberdade.

21. Considerando os direitos e deveres individuais fixados pelo Art. 5º da Constituição Federal, assinale a alternativa INCORRETA.

a) São invioláveis a intimidade, a vida privada, a honra e a imagem das pessoas, assegurado o direito à indenização pelo dano material ou moral decorrente de sua violação.

b) A lei estabelecerá o procedimento para desapropriação por necessidade ou utilidade pública, ou por interesse social, mediante justa e prévia indenização em dinheiro, ressalvados os casos previstos nesta Constituição.

c) A obtenção de certidões em repartições públicas, para defesa de direitos e esclarecimento de situações de interesse pessoal.

d) Conceder-se-á mandado de segurança para proteger direito líquido e certo, ainda que amparado por *habeas corpus* ou *habeas data*, quando o responsável pela ilegalidade ou abuso de poder for autoridade pública ou agente de pessoa jurídica no exercício de atribuições do Poder Público.

e) Nenhum brasileiro será extraditado, salvo o naturalizado, em caso de crime comum, praticado antes da naturalização, ou de comprovado envolvimento em tráfico ilícito de entorpecentes e drogas afins, na forma da lei.

22. Há 10 anos no mercado, a empresa Tudo Novo Serviços Terceirizados Ltda. presta serviços de portaria e limpeza a outras organizações. Recentemente, após sucessivas ausências não justificadas ao trabalho, a colaboradora Joana procurou o Departamento de Recursos Humanos e comunicou os motivos pelos quais havia se ausentado repetidamente. Na ocasião, de forma sintética, ela alegou estar sendo

importunada psicologicamente pelo seu companheiro. Diante dessa situação, segundo a Lei Federal 11.340/06, uma vez formalizada essa ocorrência, a colaboradora terá direito

a) ao gozo imediato das férias a que tem direito para providenciar as soluções cabíveis para a sua situação pessoal.

b) à assistência médica da empresa para o tratamento psicológico necessário.

c) ao recebimento de alimentos provisionais e provisórios da empresa.

d) à assistência jurídica da empresa, para dar-lhe o suporte e o acompanhamento necessários.

e) à manutenção do vínculo trabalhista, quando necessário o afastamento do local de trabalho, por até seis meses.

23. A Lei nº 11.340/2006, popularmente conhecida como Lei Maria da Penha, é reconhecida pela ONU como uma das três melhores legislações do mundo no enfrentamento à violência contra as mulheres. Segundo dados de 2015 do Instituto de Pesquisa Econômica Aplicada (IPEA), desde que entrou em vigor, já contribuiu para uma diminuição de cerca de 10% na taxa de homicídios contra mulheres praticados dentro das residências das vítimas. Assinale a alternativa correta referente aos dispositivos dessa lei.

a) A violência doméstica contra a mulher só se configura quando parte de um homem. Ou seja, vítimas de parceiras em relacionamentos homoafetivos ou mesmo transexuais que se identificam como mulheres em sua identidade de gênero não são amparadas por essa lei.

b) A vítima somente poderá renunciar à denúncia perante o juiz.

c) Por enquanto, a lei ainda entende violência doméstica apenas quando ocorre agressão física. Sendo assim, casos em que existe calúnia, difamação, injúria, violência psicológica e violência patrimonial devem ser enquadrados nas outras leis existentes.

d) Para que se enquadre na lei, a vítima tem que ter sofrido agressão por parte do marido, companheiro ou namorado. Se a agressão partir de outro homem da família, ou mesmo de outra mulher, não será configurada violência doméstica.

e) Os serviços de Defensoria Pública ou de Assistência Judiciária Gratuita são disponibilizados apenas para mulheres de baixa renda em situação de violência doméstica e familiar. Nesses casos, deverá comprovar sua condição financeira mediante o juiz para a liberação do benefício.

24. O Estado assegurará a assistência à família na pessoa de cada um dos que a integram, criando mecanismos para coibir a violência no âmbito de suas relações (Constituição Federal, art. 226, § 8º). Visando a coibir a violência doméstica e familiar contra a mulher, editou-se a Lei Federal nº 11.340/06 (Lei "Maria da Penha"). Considerando as disposições dessa Lei, é correto afirmar que:

a) A União, o Distrito Federal, os Estados e os Municípios deverão criar e promover, no limite das respectivas competências, centros de atendimento integral e multidisciplinar para mulheres e respectivos dependentes em situação de violência doméstica e familiar.

b) No atendimento à mulher em violência doméstica e familiar, policial deverá, dentre outras determinar a separação de corpos. situação de a autoridade providências,

c) O Ministério Público sempre intervirá nas causas cíveis e criminais decorrentes da violência doméstica e familiar contra a mulher.

d) A ofendida será notificada dos atos processuais relativos ao agressor, especialmente dos pertinentes ao ingresso e à saída da prisão, desde que não haja intimação do advogado constituído ou do defensor público.

e) É vedada a aplicação, nos casos de violência doméstica e familiar contra a mulher, de penas de cesta básica ou outras de prestação pecuniária, bem como a substituição de pena que implique o pagamento isolado de multa.

25. Analise o seguinte fragmento de um artigo: "Medidas protetivas às vítimas de violência doméstica – a vítima poderá pedir as providências necessárias à justiça, a fim de garantir a sua proteção por meio da autoridade policial, e o delegado de polícia deverá encaminhar, no prazo de 48 horas, o expediente referente ao pedido. Na Lei Maria da Penha (Lei nº 11.340/2006), está elencado um vasto rol de medidas a serem tomadas pelos agentes responsáveis pela proteção e pelo julgamento dos atos envolvendo a violência doméstica e familiar, com o intuito de assegurar às vítimas o direito de uma vida sem violência" (Fonte: /www.direitonet.com.br). Nesse contexto, constatada a prática de violência doméstica e familiar contra a mulher, assinale a alternativa **INCORRETA** sobre os atos que o juiz poderá aplicar, de imediato, ao agressor, em conjunto ou separadamente, em relação às medidas protetivas de urgência, conforme disposto na referida Lei.

a) Afastamento do lar, domicílio ou local de convivência com a ofendida.

b) Aproximação da ofendida, de seus familiares e das testemunhas, fixando o limite mínimo de distância entre estes e o agressor.

c) Prestação de alimentos provisionais ou provisórios.

d) Em nenhuma hipótese, poderá estender a proibição aos dependentes menores, ou restringir-lhe ou suspender-lhe as visitas.

e) Suspensão da posse ou restrição do porte de armas, com comunicação ao órgão competente.

26. De acordo com as disposições do art. 24-A da Lei Federal nº 11.340/2006, independentemente de outras sanções cabíveis, quem descumprir decisão judicial que deferiu medidas protetivas de urgência para os casos de prática de violência

doméstica e familiar contra a mulher está sujeito a pena de detenção de _____ meses a _____ anos.

Assinale a alternativa que preenche, **correta** e respectivamente, as lacunas do trecho acima.

a) três – dois
b) três – três
c) quatro – três
d) quatro – quatro
e) cinco – quatro

27. De acordo com a Lei Maria da Penha (Lei nº 11.340/2006), assinale a alternativa correta.

    a) Aos crimes praticados com violência doméstica e familiar contra a mulher, independentemente da pena prevista, aplica-se a Lei nº 9.099/1995.
    b) Para a proteção patrimonial dos bens da sociedade conjugal ou daqueles de propriedade particular da mulher, a restituição de bens indevidamente subtraídos pelo agressor à ofendida não é uma das medidas que o juiz poderá, liminarmente, determinar.
    c) É possível a aplicação, nos casos de violência doméstica e familiar contra a mulher, de penas de cesta básica ou outras de prestação pecuniária, bem como a substituição de pena que implique o pagamento isolado de multa.
    d) Ainda que para garantir a efetividade das medidas protetivas de urgência, não pode o juiz requisitar auxílio da força policial.
    e) Dentre as medidas protetivas de urgência à ofendida, poderá o juiz, quando necessário, sem prejuízo de outras medidas, determinar a separação de corpos.

28. Constatada a prática de violência doméstica e familiar contra a mulher, nos termos da Lei Maria da Penha (Lei nº 11.340/2006), o juiz poderá aplicar, de imediato, ao agressor, em conjunto ou separadamente, as seguintes medidas protetivas de urgência, **EXCETO**:

    a) Suspensão da posse ou restrição do porte de armas, com comunicação ao órgão competente, nos termos da Lei nº 10.826/2003.
    b) Afastamento do lar, domicílio ou local de convivência com a ofendida.
    c) Restrição ou suspensão de visitas aos dependentes menores, ouvida a equipe de atendimento multidisciplinar ou serviço similar.
    d) Proibição de contato com a ofendida, seus familiares e testemunhas por qualquer meio de comunicação.
    e) Prestação de alimentos definitivos.

29. Diante do preconizado pela Lei Maria da Penha (Lei Federal nº 11.340/2006), assinale a alternativa **INCORRETA**.

a) O juiz assegurará à mulher em situação de violência doméstica e familiar, para preservar sua integridade física e psicológica, dentre outras medidas, encaminhamento à assistência judiciária, quando for o caso, inclusive para eventual ajuizamento da ação de separação judicial, de divórcio, de anulação de casamento ou de dissolução de união estável perante o juízo competente.

b) Aquele que, por ação ou omissão, causar lesão, violência física, sexual ou psicológica e dano moral ou patrimonial à mulher fica obrigado a ressarcir todos os danos causados, inclusive ressarcir ao Sistema Único de Saúde (SUS), de acordo com a tabela SUS, os custos relativos aos serviços de saúde prestados para o total tratamento das vítimas em situação de violência doméstica e familiar, recolhidos os recursos assim arrecadados ao Fundo de Saúde do ente federado responsável pelas unidades de saúde que prestarem os serviços.

c) A mulher em situação de violência doméstica e familiar tem prioridade para matricular seus dependentes em instituição de educação básica mais próxima de seu domicílio, ou transferi-los para essa instituição, mediante a apresentação dos documentos comprobatórios do registro da ocorrência policial ou do processo de violência doméstica e familiar em curso.

d) Verificada a existência de risco atual ou iminente à vida ou à integridade física da mulher em situação de violência doméstica e familiar, ou de seus dependentes, o agressor será imediatamente afastado do lar, domicílio ou local de convivência com a ofendida, exclusivamente, pela autoridade judicial ou pelo delegado de polícia, quando o Município não for sede de comarca.

e) As medidas protetivas de urgência serão registradas em banco de dados mantido e regulamentado pelo Conselho Nacional de Justiça, garantido o acesso do Ministério Público, da Defensoria Pública e dos órgãos de segurança pública e de assistência social, com vistas à fiscalização e à efetividade das medidas protetivas.

30. Assinale a alternativa correta a partir do texto da Lei nº 11.340/2006, além dos entendimentos que prevalecem na doutrina e na jurisprudência dos Tribunais Superiores.

a) Mari Orrana, 35 anos, chegou em casa e ficou chocada ao perceber que o seu cônjuge, Crakeison, 32 anos, havia subtraído os eletrodomésticos pertencentes a ela, provavelmente, para entregar a algum traficante. No caso, é possível aplicar-se a regra de imunidade absoluta, prevista no artigo 181, inciso I, do Código Penal.

b) Maríndia foi vítima da contravenção penal de vias de fato, praticada pelo namorado Lacaio. Nessa hipótese, é possível aplicar penas restritivas de direito ao caso, porque o artigo 44, inciso I, do Código Penal, ao tratar das penas restritivas de direito, disse não serem cabíveis tais penas aos crimes praticados com violência ou grave ameaça à pessoa. Portanto, a proibição não deve ser estendida às contravenções penais, sob pena de analogia *in malam partem*.

c) O Supremo Tribunal Federal afastou a aplicação do princípio da insignificância às infrações penais praticadas contra a mulher, no âmbito das relações domésticas, limitando-se a fazê-lo sob o aspecto da insignificância própria, mantendo a possibilidade de aplicação da insignificância imprópria a tais casos.

d) A Lei Maria da Penha elevou à condição de infração penal toda e qualquer forma de violência contra a mulher, no âmbito doméstico ou da família, independentemente de coabitação.

e) A regra de imunidade absoluta, prevista no artigo 181, inciso I, do Código Penal, não é passível de ser estendida ao companheiro ou a relações homoafetivas.

31. Relacione a Coluna 1 à Coluna 2, associando as formas de violência doméstica e familiar contra a mulher e suas definições, de acordo com a Lei Maria da Penha.

Coluna 1	Coluna 2
1. Violência Física.	( ) Entendida como qualquer conduta que configure retenção, subtração, destruição parcial ou total de seus objetos, instrumentos de trabalho, documentos pessoais, bens, valores e direitos ou recursos econômicos, incluindo os destinados a satisfazer suas necessidades.
2. Violência Sexual.	( ) Entendida como qualquer conduta que configure calúnia, difamação ou injúria.
3. Violência Patrimonial.	( ) Entendida como qualquer conduta que ofenda sua integridade ou saúde corporal.
4. Violência Moral.	( ) Entendida como qualquer conduta que a constranja a presenciar, a manter ou a participar de relação sexual não desejada, mediante intimidação, ameaça, coação ou uso da força.

A ordem correta de preenchimento dos parênteses, de cima para baixo, é:

a) 1 – 2 – 3 – 4.
b) 4 – 3 – 1 – 2.
c) 3 – 1 – 4 – 2.
d) 3 – 4 – 1 – 2.
e) 2 – 1 – 3 – 4.

32. Segundo Art. 2º da Constituição Federal, são poderes da União, EXCETO o Poder:

a) Moderador.
b) Executivo.
c) Legislativo.
d) Judiciário.

33. NÃO é um objetivo fundamental da república, segundo a Constituição Federal de 1988:

a) Construir uma sociedade livre, justa e solidária.
b) Garantir o desenvolvimento nacional.

c) Erradicar a pobreza e a marginalização e reduzir as desigualdades sociais e regionais.
d) Promover o bem de todos, sem preconceitos de origem, raça, sexo, cor, idade e quaisquer outras formas de discriminação.

34. Baseado no Art. 4º Constituição Federal, a República Federativa do Brasil rege-se nas suas relações internacionais pelos seguintes princípios:
    I. Independência nacional.
    II. Prevalência dos direitos humanos.
    III. Suspensão da liberdade de reunião.
    IV. Não intervenção.

    Quais estão **INCORRETAS**?
    a) Apenas I.
    b) Apenas II.
    c) Apenas III.
    d) Apenas II e III.
    e) I, II, III e IV.

35. Conforme o Art. 4º da Constituição Federal de 1988, a República Federativa do Brasil rege-se nas suas relações internacionais pelos seguintes princípios:
    I. Independência nacional.
    II. Prevalência dos direitos humanos.
    III. Concorrência entre os Estados.
    IV. Proibição de asilo político.

    Quais estão **INCORRETAS**?
    a) Apenas I.
    b) Apenas II.
    c) Apenas I e II.
    d) Apenas III e IV.
    e) I, II, III e IV.

36. Segundo o Art. 3º da Constituição Federal, são objetivos fundamentais da República Federativa do Brasil, **EXCETO**:
    a) Construir uma sociedade livre, justa e solidária.
    b) Garantir o desenvolvimento nacional.
    c) Erradicar a pobreza e a marginalização e reduzir as desigualdades sociais e regionais.

d) Promover o bem de todos, sem preconceitos de origem, raça, sexo, cor, idade e quaisquer outras formas de discriminação.

e) Firmar ou manter contrato com pessoa jurídica de direito público, autarquia, empresa pública, sociedade de economia mista ou empresa concessionária de serviço público, salvo quando o contrato obedecer a cláusulas uniformes.

37. Com base no Art. 2º da Constituição Federal, quais são os poderes da União, independentes e harmônicos entre si?

a) Legislativo, Executivo e Judiciário.
b) Jurídico, Popular e Comum.
c) Executivo, Estadual e Municipal.
d) Municipal, Legislativo e Societário.
e) Judiciário, Popular e Secundário.

38. De acordo com a Constituição Federativa do Brasil, entre os princípios que regem a nossa República, além da autodeterminação dos povos, repúdio ao terrorismo e ao racismo, estão:

I. Prevalência dos direitos humanos.
II. Igualdade entre os Estados.
III. Defesa da paz.

Quais estão corretos?

a) Apenas I.
b) Apenas II.
c) Apenas III.
d) Apenas I e II.
e) I, II e III.

39. Conforme a Constituição Federal de 1988, Art 1º, a República Federativa do Brasil, formada pela união indissolúvel dos Estados e Municípios e do Distrito Federal, constitui-se em Estado democrático. Referente a esse artigo, analise as seguintes assertivas:

I. Todo o poder emana do povo, que o exerce por meio de representantes eleitos ou diretamente, nos termos da Constituição.
II. Alguns dos fundamentos desse artigo são a soberania e a cidadania.
III. Um dos princípios desse artigo é o pluralismo político.
IV. Compõe esse artigo a diretriz de manter os valores sociais do trabalho e da livre iniciativa. V. Constituem objetivos fundamentais da República Federativa do Brasil a dignidade da pessoa humana.

Quais estão corretas?

a) Apenas I.
b) Apenas II.
c) Apenas I e II.
d) Apenas III e IV.
e) Apenas IV e V.

40. **NÃO** se constitui um objetivo fundamental da República Federativa do Brasil:
    a) Promover o bem de todos, sem preconceitos de origem, raça, sexo, cor, idade e quaisquer outras formas de discriminação.
    b) Prevalência dos direitos humanos.
    c) Garantir o desenvolvimento nacional.
    d) Erradicar a pobreza e a marginalização e reduzir as desigualdades sociais e regionais.
    e) Construir uma sociedade livre, justa e solidária.

41. De acordo com o art. 1º da Constituição Federal, a República Federativa do Brasil é formada pela união indissolúvel dos Estados e Municípios e do Distrito Federal, constituindo-se em Estado Democrático de Direito que se baseia nos seguintes fundamentos:
    a) Soberania, civilidade, dignidade da pessoa humana, pluralismo partidário, valores sociais do trabalho e da livre iniciativa.
    b) Cidadania, soberania, dignidade da pessoa humana, valorização do trabalho, fraternidade e pluralismo político.
    c) Fraternidade, cidadania, soberania, prevalência dos direitos humanos e igualdade entre os Estados.
    d) Dignidade da pessoa humana, valores sociais do trabalho e da livre iniciativa, pluralismo político, cidadania e soberania.
    e) Soberania, cidadania, dignidade da pessoa humana, valores sociais do trabalho e da livre iniciativa, defesa da paz e pluralismo partidário.

42. No que diz respeito aos princípios fundamentais da Constituição da República Federativa do Brasil, analise as seguintes afirmações:
    I. A valorização do trabalho e da livre iniciativa é considerada expressamente um dos objetivos fundamentais da República Federativa do Brasil.
    II. O pluralismo político e a soberania são considerados fundamentos da República Federativa do Brasil.
    III. É considerado princípio expresso das relações internacionais da República Federativa do Brasil a intervenção para fins humanitários e manutenção da paz.
    Quais estão corretas?

a) Apenas I.
b) Apenas II.
c) Apenas I e II.
d) Apenas II e III.
e) I, II e III.

43. No que diz respeito aos princípios fundamentais previstos na Constituição Federal, assinale a alternativa correta.

a) A soberania, caracterizada como poder político independente e supremo, é um dos fundamentos da República Federativa do Brasil.

b) A República Federativa do Brasil rege-se nas suas relações internacionais pelo princípio da não intervenção que veda a concessão de asilo político.

c) A erradicação das desigualdades regionais é considerada um dos objetivos fundamentais da República Federativa do Brasil.

d) São considerados poderes harmônicos e dependentes entre si o Legislativo, o Executivo e o Judiciário.

e) A República Federativa do Brasil, quando se trata das suas relações internacionais, não é orientada pelo princípio da independência nacional.

44. De acordo com a Constituição Federal, a República Federativa do Brasil rege-se, nas suas relações internacionais, pelos seguintes princípios:

I. Independência nacional, prevalência dos direitos humanos e autodeterminação dos povos, entre outros.

II. Intervenção em caso de defesa da soberania, igualdade entre os Estados e defesa da paz, entre outros.

III. Cooperação entre os povos para o progresso da humanidade e concessão de asilo político, entre outros.

Quais estão corretos?

a) Apenas I.
b) Apenas II.
c) Apenas III.
d) Apenas I e III.
e) I, II e III.

45. Pode-se dizer que a Carta Maior consolida a separação dos Poderes quando dispõe no Art. 2º que: "são Poderes da União, independentes e harmônicos entre si, o Legislativo, o Executivo e o Judiciário". Com base nessa premissa, assinale a alternativa INCORRETA.

a) As restrições prescritas ao exercício das competências constitucionais conferidas ao Poder Executivo, incluída a definição de políticas públicas, importam em contrariedade ao princípio da independência e harmonia entre os Poderes.

b) Compreende-se na esfera de autonomia dos Estados a anistia (ou o cancelamento) de infrações disciplinares de seus respectivos servidores, podendo concedê-la à assembleia constituinte local.

c) Não há falar-se em quebra do pacto federativo e do princípio da interdependência e harmonia entre os Poderes em razão da aplicação de princípios jurídicos ditos "federais" na interpretação de textos normativos estaduais. Princípios são normas jurídicas de um determinado ordenamento, no caso, do ordenamento brasileiro. Não há princípios jurídicos aplicáveis no território de um, mas não de outro ente federativo, sendo descabida a classificação dos princípios em "federais" e "estaduais".

d) O exercício da função regulamentar e da função regimental decorrem de delegação de função legislativa; envolvem, portanto, derrogação do princípio da divisão dos Poderes.

e) Na Constituição Brasileira de 1824, havia previsão de quatro poderes: Executivo, Legislativo, Judiciário (que na época era chamado Poder Judicial) e o Moderador.

46. O art. 1º da República Federativa do Brasil, formada pela união indissolúvel dos Estados e Municípios e do Distrito Federal, constitui-se em Estado Democrático de Direito e tem como fundamentos:

a) Construir uma sociedade livre, justa e solidária.

b) Garantir o desenvolvimento nacional.

c) O pluralismo político.

d) A independência nacional.

e) A prevalência dos direitos humanos.

47. Considerando os princípios fundamentais constantes na Constituição Federal de 1988, assinale a alternativa correta.

a) A soberania é um dos poderes da União.

b) Um dos objetivos fundamentais da República Federativa do Brasil é o pluralismo político.

c) A dignidade da pessoa humana e a construção de uma sociedade livre, justa e solidária indicam que todo poder emana do povo.

d) Garantir o desenvolvimento nacional é um dos princípios pelo qual a República Federativa do Brasil rege-se nas suas relações internacionais.

e) Promover o bem de todos, sem preconceitos de origem, raça, sexo, cor, idade e quaisquer outras formas de discriminação, constitui um objetivo fundamental da República Federativa do Brasil.

LEGISLAÇÃO ESPECÍFICA

48. A República Federativa do Brasil, de acordo com o Artigo 1º da Constituição Federal, tem os seguintes fundamentos que constituem o Estado Democrático de Direito, EXCETO:
a) A soberania.
b) O liberalismo econômico.
c) A cidadania.
d) A dignidade da pessoa humana.
e) O pluralismo político.

49. A República Federativa do Brasil buscará a integração econômica, política, social e cultural dos povos da América Latina, visando à formação de uma comunidade latino-americana de nações. Ainda, nas suas relações internacionais, ela governa-se com base nos seguintes princípios, dentre outros:
I. Autodeterminação dos povos.
II. Igualdade em direitos e obrigações entre homens e mulheres.
III. Repúdio ao terrorismo e ao racismo.
IV. Cooperação entre os povos para o progresso da humanidade.
V. Concessão de asilo político.

Quais estão corretos?
a) Apenas I e III.
b) Apenas II e IV.
c) Apenas II e V.
d) Apenas I, III, IV e V.
e) I, II, III, IV e V.

50. Conforme exposto na Constituição, assinale a alternativa que corresponde aos princípios que regem a República Federativa do Brasil nas suas relações internacionais.
a) Independência nacional, prevalência dos direitos humanos e autodeterminação dos povos.
b) Intervenção, igualdade entre os Estados e defesa da guerra e da paz.
c) Solução pacífica dos conflitos, consentimento ao terrorismo e ao racismo e defesa da guerra e da paz.
d) Cooperação entre os povos para o progresso da humanidade, soberania jurídica e intervenção.
e) Concessão de asilo político, soberania jurídica e autodeterminação dos povos.

51. Nos termos do Art. 3º da Constituição Federal, constituem objetivos fundamentais da República Federativa do Brasil:
I. Garantir o desenvolvimento nacional, bem como promover o bem da maioria, sem preconceitos de origem, raça, sexo, cor, idade e quaisquer outras formas de discriminação.

II. Construir uma sociedade livre, justa e solidária.

III. Erradicar a pobreza e reduzir a marginalização e as desigualdades sociais e regionais.

Quais estão corretas?

a) Apenas II.
b) Apenas I e II.
c) Apenas I e III.
d) Apenas II e III.
e) I, II e III.

52. De acordo com o regime constitucional dos princípios fundamentais, analise as seguintes assertivas:

   I. A República Federativa do Brasil constitui-se em Estado Democrático de Direito e tem como fundamentos: a soberania, a cidadania, a defesa da paz social, a dignidade da pessoa humana, os valores sociais do trabalho, os valores da livre iniciativa e o pluralismo político.

   II. Constituem objetivos fundamentais da República Federativa do Brasil: construir uma sociedade livre, justa e solidária, garantir o desenvolvimento nacional, erradicar a pobreza e reduzir a marginalização e as desigualdades sociais e regionais e promover o bem de todos, sem preconceitos de origem, raça, sexo, cor, idade e quaisquer outras formas de discriminação.

   III. Ao estabelecer que a lei não prejudicará o direito adquirido, o ato jurídico perfeito e a coisa julgada, isso se dá em respeito, principalmente, ao Princípio da Segurança Jurídica.

Quais estão corretas?

a) Apenas II.
b) Apenas III.
c) Apenas I e II.
d) Apenas II e III.
e) I, II e III.

53. A Constituição Federal, promulgada em 1988, estabelece em seu Art. 1º que a República Federativa do Brasil, formada pela união indissolúvel dos Estados e Municípios e do Distrito Federal, constitui-se em Estado Democrático de Direito, tendo como fundamentos, EXCETO

a) a soberania.
b) a cidadania.
c) o partidarismo político.
d) a dignidade da pessoa humana.
e) os valores sociais do trabalho e da livre iniciativa.

LEGISLAÇÃO ESPECÍFICA

54. A República Federativa do Brasil tem como fundamentos, exceto:
   a) A dignidade da pessoa humana.
   b) Os valores sociais do trabalho e da livre iniciativa.
   c) O sufrágio universal.
   d) O pluralismo político.
   e) Nenhuma das alternativas pode ser considerada correta.

55. O princípio da isonomia deflui, em termos conceituais, de um dos fundamentos constitucionalmente expressos da República Federativa do Brasil, denominado
   a) soberania.
   b) publicidade.
   c) dignidade da pessoa humana.
   d) livre iniciativa.
   e) não-intervenção.

56. A República Federativa do Brasil tem como objetivos fundamentais, exceto:
   a) construir uma sociedade livre, justa e solidária.
   b) garantir a igualdade entre os Estados.
   c) erradicar a pobreza e a marginalização e reduzir as desigualdades sociais e regionais.
   d) promover o bem de todos, sem preconceitos de origem, de raça, de sexo, de cor, de idade e de quaisquer outras formas de discriminação.
   e) garantir o desenvolvimento nacional.

57. A República Federativa do Brasil rege-se, nas suas relações internacionais, pelos seguintes princípios:
   I.   Independência nacional, prevalência dos direitos humanos e autodeterminação dos povos.
   II. Não-intervenção, igualdade entre os Estados e defesa da paz.
   III. Solução pacífica dos conflitos, repúdio ao terrorismo e ao racismo.
   IV. Cooperação entre os povos para o progresso da humanidade.
   V.   Concessão de asilo político.

   Quais estão corretos?
   a) Apenas III.
   b) Apenas I e III.
   c) Apenas I, III e V.
   d) Apenas I, II, III e IV.
   e) I, II, III, IV e V.

58. Analise as seguintes afirmativas em relação ao Estado Brasileiro.
   I. Os três Poderes da República são exemplos de órgãos independentes.
   II. A Constituição Federal de 1988 adotou apenas a técnica de repartição horizontal de competências legislativas.
   III. Existindo lei complementar, pode ser delegada aos Estados, competência legislativa sobre normas gerais de licitação.
   IV. Os municípios legislam sobre assuntos de interesse local, sem nenhuma possibilidade de suplementar a legislação federal e a estadual.
   V. Tanto o mandado de injunção quanto o mandado de segurança são remédios constitucionais aptos para a supressão de uma omissão inconstitucional.

   Quais são corretas?
   a) Apenas I.
   b) Apenas I e II.
   c) Apenas II, III e IV.
   d) Apenas III, IV e V.
   e) I, II, III, IV e V.

59. Segundo a Constituição Federal, os fundamentos da República Federativa do Brasil são
   a) a soberania, a cidadania, a democracia, a dignidade da pessoa e o pluralismo político.
   b) os valores sociais do trabalho e da livre iniciativa, o pluralismo político, a cidadania, a soberania e a dignidade da pessoa.
   c) o pluralismo político, a democracia, a participação popular, a redução das desigualdades regionais e sociais e a dignidade da pessoa.
   d) a dignidade da pessoa, a autonomia, a cidadania, o pluralismo político e a redução das desigualdades regionais e sociais.
   e) a autonomia, a cidadania, a justiça, a liberdade e a dignidade da pessoa.

60. Com base nas disposições da Constituição Federal, relativas aos direitos e deveres individuais e coletivos, analise as seguintes assertivas:
   I. O registro civil de nascimento é gratuito para os reconhecidamente pobres, na forma da lei.
   II. A certidão de óbito é gratuita para os reconhecidamente pobres, na forma da lei.
   III. O Estado prestará assistência jurídica integral e gratuita aos que comprovarem insuficiência de recursos.

   Quais estão corretas?
   a) Apenas I.
   b) Apenas I e II.
   c) Apenas I e III.
   d) Apenas II e III.
   e) I, II e III.

Gabaritos

#	Resp.	#	Resp.	#	Resp.
01.	A	21.	D	41.	D
02.	B	22.	E	42.	B
03.	B	23.	B	43.	A
04.	E	24.	E	44.	D
05.	E	25.	D	45.	D
06.	D	26.	A	46.	C
07.	D	27.	E	47.	E
08.	C	28.	E	48.	B
09.	D	29.	E	49.	D
10.	B	30.	A	50.	A
11.	A	31.	D	51.	A
12.	B	32.	A	52.	B
13.	A	33.	E	53.	C
14.	E	34.	C	54.	C
15.	A	35.	D	55.	C
16.	E	36.	E	56.	B
17.	E	37.	E	57.	E
18.	B	38.	E	58.	A
19.	E	39.	C	59.	B
20.	B	40.	B	60.	D

CONHECIMENTOS GERAIS

CONHECIMENTOS GERAIS

01. O presidente da República, Michel Temer, sancionou a Emenda Constitucional, chamada PEC 55, que objetiva reduzir os gastos públicos. Porém, historicamente, medidas de contenção de gastos públicos foram estabelecidas em outros períodos históricos, entre eles, destaca-se o chamado Programa de Ação Econômica do Governo (PAEG). O objetivo desse programa era reduzir o déficit público, congelar os gastos dos Estados, criando leis que proibissem o endividamento dos Estados sem a autorização nacional. A qual presidente brasileiro se refere o contexto?

a) Itamar Franco.
b) Fernando Color de Mello.
c) Fernando Henrique Cardoso.
d) Luiz Inácio Lula da Silva.
e) Castelo Branco.

02. A imagem abaixo é Guernica, considerada a obra prima de Pablo Picasso. Que acontecimento histórico e estilo artístico estão representados nessa obra?

a) Primeira Guerra Mundial – surrealismo.
b) Segunda Guerra Mundial – futurismo.
c) Segunda Guerra Mundial – abstracionismo.
d) Guerra Civil Espanhola – cubismo.
e) Guerra Civil Espanhola – expressionismo.

03. Em 2018, a Prefeitura de Porto Mauá promoveu uma campanha de recolhimento de equipamentos eletrônicos antigos, quebrados ou em desuso. Sabe-se que, se descartado incorretamente, esse tipo de material pode provocar contaminação do solo, do ar e da água, já que possui substâncias químicas em sua composição. (Fonte: www.portomaua.rs.gov.br de 18/07/2018). Como é classificado o tipo de lixo que se refere a resíduos gerados pelo descarte de produtos eletroeletrônicos que não funcionam mais ou que estão muito superados?

a) Comercial.
b) Eletrônico.
c) Industrial.
d) Nuclear.
e) Químico.

04. De acordo com a historiadora Ana lúcia Pereira (2013), assinale a alternativa INCORRETA no que diz respeito à África do Sul na primeira metade do século XX.
   a) A escravidão, para o mercado britânico, era considerada um entrave para o projeto mercantilista.
   b) A constituição da União Sul-Africana configurou a privação da população negra do direito ao voto e à propriedade de terra.
   c) A agricultura de subsistência estabeleceu-se nas reservas negras, enquanto a de exploração Capitalista estendeu-se para as demais áreas.
   d) O apartheid não teve antecedentes de segregação antes de sua configuração.
   e) O interesse dos brancos pela África era diferente antes da Primeira Guerra Mundial.

05. A concepção pedagógica em que a aprendizagem é receptiva e mecânica, sem considerar as características próprias de cada idade, chama-se:
   a) Tendência Liberal Renovadora Não Diretiva.
   b) Tendência Liberal Tecnicista.
   c) Pedagogia Liberal Tradicional.
   d) Tendência Liberal Renovadora Progressista.
   e) Tendência Progressista Libertadora.

06. Relacione a Coluna 1 à Coluna 2, associando os termos classificados pela Organização Mundial da Saúde (OMS) para se referir às pessoas contaminadas pelo Novo Coronavírus.

Coluna 1	Coluna 2
1. Assintomáticos.	( ) Apresentam os sintomas da doença durante o seu desenvolvimento, que podem ser leves, moderados ou graves. São responsáveis por 40% da transmissão da doença e correspondem a 80% dos contaminados pelo Novo Coronavírus.
2. Pré-sintomáticos.	( ) São aqueles que já estão infectados com SARs-CoV-2, mas não desenvolvem sintomas de Covid-19. Estes indivíduos testaram positivo para a SARs-CoV-2, mas não desenvolveram sintomas como febre, tosse ou dificuldade respiratória.
3. Sintomáticos.	( ) São indivíduos infectados que podem infectar outros antes de desenvolverem sinais e sintomas de Covid-19. Estas pessoas tendem a transmitir a Covid-19 poucos dias antes de desenvolverem sinais e sintomas. Mais tarde, desenvolvem sinais e sintomas de Covid-19, mas terão já passado a infecção inadvertidamente a outras pessoas.
	( ) Entendida como qualquer conduta que a constranja a presenciar, a manter ou a participar de relação sexual não desejada, mediante intimidação, ameaça, coação ou uso da força.

A ordem correta de preenchimento dos parênteses, de cima para baixo, é:

a) 3 – 2 – 1.
b) 2 – 3 – 1.
c) 3 – 1 – 2.
d) 2 – 1 – 3.
e) 1 – 2 – 3.

07. O ranking das principais economias mundiais está em plena transformação. A luta por posições destacadas na lista sofrerá algumas mudanças notáveis nos próximos meses e anos, segundo as projeções publicadas pelo Fundo Monetário Internacional (FMI). Nesse sentido, atualmente as três primeiras posições no ranking econômico das maiores potências mundiais estão ocupadas, respectivamente, por quais dos seguintes países, de acordo com o FMI?

a) Alemanha, Itália e Coreia do Sul.
b) Estados Unidos, China e Japão.
c) Finlândia, Suíça e Alemanha.
d) Inglaterra, Índia e Austrália.
e) Noruega, Hong Kong e Taiwan.

08. "Em 1º de outubro de 1990, por meio da Lei nº 8.092, a Universidade para o Desenvolvimento do Estado de Santa Catarina foi transformada em Fundação Universidade do Estado de Santa Catarina, mantendo a sigla UDESC. Essa lei caracterizou a universidade como ente jurídico, com patrimônio e receitas próprios, autonomia didático-científica, administrativa, financeira, pedagógica e disciplinar. Prevaleceu a estrutura multicampi e a atuação vocacionada para o perfil socioeconômico e cultural das regiões onde a universidade se insere, visando sempre o fortalecimento das vocações regionais. Assinale abaixo a alternativa que cita corretamente alguns dos municípios que a UDESC apresenta em sua distribuição geográfica, conforme disposto nos Relatórios de Gestão.

a) Laguna – Ibirama – Pinhalzinho – Chapecó – Navegantes.
b) Lages – Florianópolis – Palmitos – Joinville – Jaraguá do Sul.
c) São Bento do Sul – Balneário Camboriú – Brusque – Laguna.
d) Rio do Sul – Caçador – Joinville – Lages – Florianópolis.
e) Laguna – Ibirama – Pinhalzinho – Chapecó – Lages.

09. Em julho de 2019, foi comemorado os 50 anos do homem na Lua – "Um pequeno passo para um homem, um grande salto para a humanidade" – foi com essas palavras que, junto com o seu companheiro de missão, o primeiro humano a pisar na Lua entrou para a história, em 1969. Qual era o seu nome?

a) Charles Duke.
b) Edgar Mitchell.

c) Neil Armstrong.
d) Vladimir Komarov.
e) Yuri Gagarin.

10. Em agosto deste ano (2019), a Prefeitura Municipal divulgou uma campanha de vacinação destinada a crianças de 6 a 11 meses de idade, seguindo a orientação do Ministério da Saúde (MS) e da Secretaria de Estado de Saúde de Santa Catarina (SES/SC). A aplicação da chamada "dose zero" da vacina tríplice viral protege contra:
a) Varíola, varicela e poliomielite.
b) Febres: amarela, tifoide e maculosa.
c) Hepatites B, C e E.
d) Sarampo, caxumba e rubéola.
e) Sarampo, varíola e tuberculose.

11. "Não há ensino sem pesquisa e pesquisa sem ensino. Esses que-fazeres se encontram um no corpo do outro. Enquanto ensino continuo buscando, reprocurando. Ensino porque busco, porque indaguei, porque indago e me indago. Pesquiso para constatar, constatando, intervenho, intervindo educo e me educo. Pesquiso para conhecer o que ainda não conheço e comunicar ou anunciar a novidade". A citação acima é do educador e filósofo cujo aniversário de 100 anos de nascimento é comemorado no ano de 2021. É o terceiro teórico mais citado em trabalhos na área de humanas, em nível mundial, considerado o Patrono da Educação Brasileira desde 2012. Seu nome é:
a) Anísio Teixeira.
b) Celso Vasconcellos.
c) Dermeval Saviani.
d) José Carlos Libâneo.
e) Paulo Freire.

12. Os testes para detecção da Covid-19 se destacaram como uma das ferramentas essenciais para diagnosticar e rastrear a propagação do vírus SARs-CoV-2, responsável pela doença do Coronavírus. Atualmente, no Brasil, existem diferentes tipos de testes disponíveis, bem como diversas metodologias adotadas nas análises dos exames. No entanto, um exame se destaca como sendo o melhor para diagnosticar a Covid-19, sendo o que constata a presença do material genético do SARs-CoV-2 na amostra do paciente, um método laboratorial que utiliza a enzima transcriptase reversa, para transformar o RNA do vírus em DNA complementar (cDNA), e é usada principalmente para medir a quantidade de um RNA específico. O exame é realizado por profissionais da saúde, coletado do nariz ou garganta, por meio de técnicas de biologia molecular (utilizando um tipo de cotonete – swab) para o diagnóstico de infecção por Novo Coronavírus. Trata-se do exame:

CONHECIMENTOS GERAIS

a) Painel viral.
b) Quimioluminescência – IgM.
c) RT-PCR.
d) Sorológico IgA.
e) Sorológico IgG.

13. A Lei Maria da Penha ocasionou uma diminuição de cerca de 10% na taxa de homicídios contra mulheres praticados dentro das residências das vítimas (dados de 2015 do Instituto de Pesquisa Econômica Aplicada-Ipea). A ONU estima que, no mínimo, 5 mil mulheres são mortas por crimes de honra no mundo por ano. Sobre o feminicídio, pode-se afirmar que é:

a) Um movimento de empoderamento da mulher.
b) A oposição ao machismo.
c) O ato da mulher tirar a própria vida.
d) O assassinato intencional de mulheres apenas por serem mulheres.
e) O assassinato em massa de mulheres.

14. Considerada pela China uma "província rebelde", a ilha foi o local de refúgio dos governantes chineses quando os comunistas tomaram o poder em 1949. A região, autodenominada República da China, recebe apoio militar dos Estados Unidos. A que região se refere esse trecho?

a) Hong Kong.
b) Taiwan.
c) Macau.
d) Hainan.
e) Tibete.

15. O *Apartheid* foi um regime de segregação racial existente na África do Sul entre os anos de 1948 e 1994, que impunha aos negros:

I. Vida confinada em guetos.
II. Cidadania restrita: podiam votar, mas não podiam ser votados.
III. Proibição do casamento com brancos.

Quais estão corretas?

a) Apenas I.
b) Apenas II.
c) Apenas I e III.
d) Apenas II e III.
e) I, II e III.

16. Os países têm realizado constantemente relações econômicas entre si, almejando o crescimento de suas economias. Nesse contexto, podemos citar o BRICS, que se trata do conjunto econômico de países considerados "emergentes"; e o bloco econômico sul-americano, MERCOSUL, que tem o objetivo de garantir a construção de uma consolidação econômica, política e social entre os países-membros, colaborando para o aumento da qualidade de vida dos cidadãos que habitam os Estados que constituem o bloco. Qual o país que participa desses dois conjuntos econômicos, MERCOSUL e BRICS?
a) Argentina.
b) Brasil.
c) Índia.
d) Paraguai.
e) Uruguai.

17. A Copa do Mundo de Futebol na Rússia, ocorrida este ano, foi marcada pela participação, pela primeira vez no torneio, da seleção da(do):
a) Costa Rica.
b) Coreia do Sul.
c) Argélia.
d) Panamá.
e) México.

18. O Dia Mundial de Combate ao Câncer de Próstata é celebrado oficialmente no dia 17 de novembro, mas as ações de prevenção se estendem por todo mês, o Novembro Azul, como parte da campanha de conscientização sobre a doença. Embora seja relativamente comum e facilmente tratado, principalmente quando identificado precocemente, o câncer de próstata ainda gera vários tipos de mitos que acabam dificultando o rastreio, diminuindo as chances de ser identificado precocemente e, consequentemente, reduzindo a taxa de cura. São alguns mitos que cercam o tema, EXCETO:
a) A atividade sexual aumenta o risco de desenvolver câncer de próstata.
b) Fazer vasectomia aumenta o risco de câncer.
c) O câncer de próstata é uma doença causada somente em idoso.
d) O tratamento do câncer sempre causa impotência.
e) Pessoas da raça negra têm maior risco de desenvolver a doença.

19. No dia 04 de janeiro, comemorou-se o Dia Mundial do Braile, data em homenagem ao aniversário do francês Louis Braille, criador do sistema de escrita e leitura tátil para pessoas com deficiência visual. Sobre esse método podemos afirmar que:

I. Consiste em um alfabeto de pontos em relevo, que são organizados em uma tabela com três linhas e duas colunas formando um retângulo, em que pelo menos um se destaca em relação aos demais.

II. Cada célula braile possui 6 pontos de preenchimento, permitindo 63 combinações. Alguns consideram a célula vazia como um símbolo também, totalizando 64 combinações.

III. O braile é lido da esquerda para a direita, com uma ou ambas as mãos.

IV. O método de alfabetização permite o registro de letras, números e qualquer outro tipo de símbolo necessário para a comunicação.

Quais estão corretas?

a) Apenas I e II.
b) Apenas III e IV.
c) Apenas I, II e III.
d) Apenas II, III e IV.
e) I, II, III e IV.

20. A Secretária da Saúde informa que Certificado Internacional de Vacinação pode ser emitido online. Brasileiros que vão viajar ao exterior devem ficar atentos às regras internacionais para proteger a saúde humana: em todo o mundo, 135 países exigem que o visitante apresente o Certificado Internacional de Vacinação ou Profilaxia (CIVP) para ingressar no território. (Acesso em 26/02/2019. Texto adaptado. Fonte: http://www.tapejara.rs.gov.br Em relação ao CIVP – Certificado Internacional de Vacinação ou Profilaxia, assinale a alternativa INCORRETA.

a) A vacina deve ser tomada com pelo menos dez dias de antecedência da viagem internacional.
b) O cartão internacional de vacinação tem prazo de validade de 10 anos.

- c) O CIVP comprova que o cidadão foi imunizado e se preveniu contra a febre amarela ou outras doenças.
- d) O CIVP é emitido pela Agência Nacional de Vigilância Sanitária (Anvisa).
- e) Podem usar esse serviço brasileiros e estrangeiros vacinados no Brasil e que irão viajar

21. No dia 15 de abril de 2019, um incêndio que durou aproximadamente 14 horas destruiu grande parte de um dos mais importantes monumentos de Paris, sendo ele o(a):
- a) Torre Eiffel.
- b) Museu do Louvre.
- c) Catedral de Notre-Dame.
- d) Arco do Triunfo.
- e) Palácio de Luxemburgo.

22. Leia a seguinte matéria: "O país está oficialmente banido dos **Jogos Olímpicos de Tóquio 2020 e dos Jogos Olímpicos de Inverno de Pequim 2022.** O Tribunal Arbitral do Esporte (CAS) emitiu parecer desfavorável para a participação do país nas Olimpíadas após um recurso movido pela Agência Mundial Antidoping (WADA). Com isto, o país não poderá o utilizar o seu nome, bandeira e hino nacional, além de ficar proibido de enviar atletas às competições sem ficha limpa em relação a casos de doping. A decisão ocorreu em virtude das alegações de que o governo apoiou e acobertou o doping dos atletas nos Jogos Olímpicos de Inverno de Sochi em 2014".

(Texto adaptado. Fonte: www.olimpiadatododia.com.br, de 17/12/2020).

Qual o nome do país que se refere a notícia acima?
- a) Argentina.
- b) Coreia do Sul.
- c) Paraguai.
- d) Rússia.
- e) Venezuela.

23. Em seu primeiro ano de mandato, em 2017, o presidente dos Estados Unidos, Donald Trump, tomou uma série de iniciativas polêmicas, dentre elas, retirou-se do Acordo de Paris, que estabelece:
- a) O intercâmbio cultural entre os países latino-americanos.
- b) As metas de redução de gases do efeito estufa.
- c) A criação do maior bloco de livre comércio do mundo.
- d) A redução de investimentos na Organização do Tratado do Atlântico Norte (OTAN).
- e) As alterações na composição do Conselho de Segurança da Organização das Nações Unidas (ONU).

CONHECIMENTOS GERAIS

24. Vários países reúnem-se para celebrar a grande festa do esporte mundial: as Olimpíadas. Com origem e tradição grega, o evento tomou proporções mundiais no fim do século XIX. Com a reestruturação do evento na era moderna e a criação do Comitê Olímpico Internacional (COI), foram criados também alguns símbolos para representar os jogos. São os símbolos que representam os ideais propostos pelos Jogos Olímpicos:

I. Anéis Olímpicos.

II. Tocha.

III. Medalhas.

Quais estão corretas?

a) Apenas I.

b) Apenas II.

c) Apenas I e II.

d) Apenas I e III.

e) I, II e III.

25. É uma Ong (Organização não Governamental) que atua em questões relacionadas à preservação do meio ambiente e desenvolvimento sustentável, sua sede está estabelecida na Holanda, no entanto, possui departamentos dispersos por todo o globo. Sua atuação está vinculada à preservação da natureza em âmbito global, realiza ações ousadas em nome da natureza, por exemplo, ficar entre caçadores de baleias e os animais, permanecer em pequenas embarcações na frente de grandes navios que pretendem lançar lixo em oceanos, além de entrar na frente de tratores destinados ao desmatamento. Trata-se da:

a) Greenpeace.

b) Baleia Azul.

c) OIT.

d) Unesco.

e) Unicef.

26. Em 2012, o Prêmio Nobel da Paz foi entregue:

a) à Cruz Vermelha Internacional.

b) ao Ciência sem Fronteiras.

c) à União Europeia.

d) à Organização dos Estados Americanos.

e) à Organização das Nações Unidas.

27. Os Parâmetros Curriculares Nacionais expõem uma crítica às propostas teóricas e metodológicas da Geografia Tradicional na medida em que:

I. Suas ideias de ensino-aprendizagem estão baseadas na teoria marxista.

II. Não possibilitam a participação ativa dos alunos no processo de construção do saber geográfico.

III. Desconsideram a diversidade cognitiva entre os alunos.

Quais estão corretas?

a) Apenas I.
b) Apenas I e II.
c) Apenas I e III.
d) Apenas II e III.
e) I, II e III.

28. "O Observatório desenvolveu o mote da campanha com a proposta de que os adultos ouçam o conselho dado por uma criança, que, com sua ingenuidade e inexperiência perante a vida, tem uma percepção e absorção do que é certo e errado com mais eficácia, sem filtros." (Fonte: maioamarelo.com/2019).

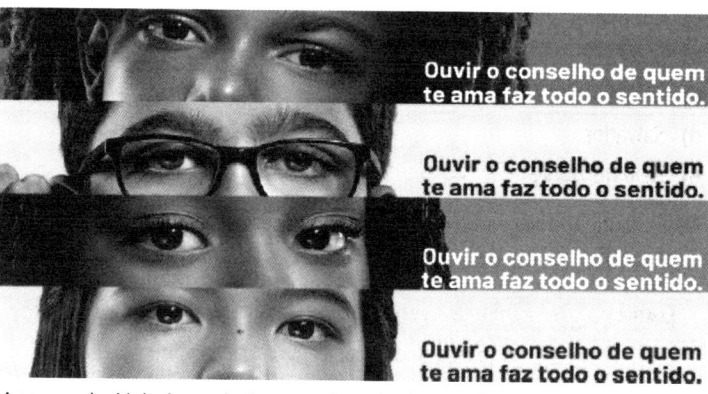

A campanha Maio Amarelo é um movimento de conscientização sobre:

a) O combate ao Abuso e Exploração Sexual de Crianças e Adolescentes.
b) A importância de se proteger contra a Aids.
c) A redução de acidentes de trânsito.
d) O autismo e sua inclusão social.
e) O suicídio, bem como evitar o seu acontecimento.

29. As redes sociais estão presentes no dia a dia de muitas pessoas. Um estudo recente aponta que o _____ perdeu 15 milhões de usuários nos EUA desde 2017. A queda no número de usuários também é tendência na Europa e no Brasil, por exemplo.

Assinale a alternativa que preenche corretamente a lacuna do trecho acima.

a) Instagram
b) Whatsapp

CONHECIMENTOS GERAIS

c) Facebook
d) Twitter
e) LinkedIn

30. "_____ é a primeira metrópole brasileira a adotar uma medida prática de combate a um pesadelo ambiental. A Vigilância Sanitária começou nesta quinta-feira (19/7) a verificar quem está seguindo a nova lei que proibiu o uso de canudos plásticos na cidade. A luta contra os canudos plásticos inspirou várias campanhas na internet. "Estima-se que cerca de um bilhão de canudos são descartados todos os dias no mundo", diz Mateus Solano em uma delas. "Quando descartados no meio ambiente levam 450 anos para se decompor", fala Fabiana Karla. "E eles ficam, em média, cinco minutos na nossa boca", completa Nathalia Dill."

(Fonte: www.g1.globo.com – 19/7/18).

Assinale a alternativa que preenche corretamente a lacuna do texto jornalístico acima.

a) Curitiba
b) São Paulo
c) Rio de Janeiro
d) Salvador
e) Belo Horizonte

31. Nesse contexto, relacione a Coluna 1 à Coluna 2, associando as terminologias sobre o tema acima às suas definições.

Coluna 1	Coluna 2
1. Mutação.	( ) Quando um agrupamento viral, dentro de uma linhagem, desenvolve uma capacidade de transmissão, de se multiplicar, de produzir sintomas nos infectados, ou de estimular resposta no organismo que diferente do seu ascendente/vírus original.
2. Variante.	( ) Pode ser entendida como o vírus que mudou durante seu processo de replicação. Ou seja, quando a alteração no material genético começa a aparecer inúmeras vezes em uma população, e assume um comportamento "fixo" de recorrência.
3. Cepa.	( ) É uma mudança que ocorre de forma aleatória no material genético. Essas alterações ocorrem com frequência e não necessariamente deixam o vírus mais forte ou mais transmissível.
	( ) Entendida como qualquer conduta que a constranja a presenciar, a manter ou a participar de relação sexual não desejada, mediante intimidação, ameaça, coação ou uso da força.

A ordem correta de preenchimento dos parênteses, de cima para baixo, é:

a) 2 – 3 – 1.
b) 3 – 1 – 2.

c) 3 – 2 – 1.
d) 2 – 1 – 3.
e) 1 – 2 – 3.

32. Trata-se de um ramo da ciência da computação que se propõe a elaborar dispositivos que simulem a capacidade humana de raciocinar, perceber, tomar decisões e resolver problemas. O objetivo central das pesquisas relacionadas a esse ramo baseia-se na ideia de fazer com que os computadores possam "pensar" exatamente como os humanos, criando análises, raciocinando, compreendendo e obtendo respostas para diferentes situações, como nos exemplos abaixo:

Personalização do marketing – permite que um produto pesquisado em uma loja online apareça magicamente em várias páginas da próxima navegação do internauta.

Financial Trading (Mercado Financeiro) – o sistema prevê os movimentos do mercado de ações. Um gigantesco volume de dados é analisado de forma tão veloz que a capacidade humana dos analistas não consegue acompanhar.

Reconhecimento facial – permite encontrar um rosto em meio à multidão. Ferramenta em uso pelas agências de combate ao terrorismo.

Carros inteligentes – com o sistema inteligente, os carros são capazes de identificar os padrões de comportamento e os interesses dos donos. Assim, o veículo ajusta sozinho a temperatura e as posições da direção e dos espelhos, sintoniza a rádio preferida etc. Se for um carro sem motorista, ele pode ir até sozinho. (Fonte: itforum365.com.br, 24/05/2017).

Qual o assunto abordado no texto acima?

a) Singularidade.
b) Inteligência artificial.
c) Startups.
d) Teoria do Caos.
e) Universos Paralelos.

33. "Os golpes na internet são cada vez mais frequentes e ficam mais elaborados com o passar do tempo, tendo como objetivo arrancar dinheiro e informações pessoais dos desavisados. O mais conhecido é o _____, que causa 90% dos roubos na internet, segundo o site TechTudo. O método é utilizado por criminosos digitais para enganar os usuários, fazendo com que eles forneçam informações como senhas do cartão de crédito, CPF e até mesmo número de contas bancárias. Geralmente, ocorre por meio de e-mails que contêm link de um site falso idêntico ao original – como os da Netflix, do Spotify ou até mesmo de bancos – solicitando que o internauta faça atualizações, valide ou confirme informações de conta. A partir disso, os dados coletados podem servir para inúmeras funções, como compras com o cartão de crédito da vítima."

(Fonte: gauchazh.clicrbs.com.br, de 12/07/2019).

Assinale a alternativa que preenche corretamente a lacuna do trecho acima, sabendo que se refere ao tipo de ameaça pela qual um cibercriminoso tenta, fraudulentamente, coletar informações confidenciais fingindo ser uma empresa ou pessoa confiável.

a) Cyberbulling
b) Cyberstalking
c) Fakenews
d) Phishing
e) Stalking

34. Após a tragédia ocorrida em Brumadinho, em Minas Gerais, com o rompimento da barragem de rejeitos minerais que levou à morte cerca de 300 pessoas, em janeiro deste ano, a atenção se voltou às barragens espalhadas por todo o Brasil, inclusive as localizadas no RS. Aqui no Estado, as barragens servem para irrigação e para oferecer água aos animais, ou seja, não são de rejeitos. Dois desses reservatórios apresentaram risco, conforme avaliado no último relatório da Agência Nacional de Água (ANA), e estão localizados nas cidades de:

a) Rio Grande e Santo Ângelo.
b) Cachoeira do Sul e Pelotas.
c) Santa Vitória do Palmar e Ijuí.
d) Uruguaiana e Passo Fundo.
e) São Sebastião do Caí e Viamão.

35. "Avião se parte ao meio ao pousar em Calicute".(Fonte: https://www.osul.com br/07/8/20). Calicute é uma importante cidade da:

a) Turquia.
b) China.
c) Coreia do Sul.
d) Índia.
e) Arábia Saudita.

36. 2018 promete ser um ano decisivo para as negociações que irão determinar as condições para a retirada de qual país da União Europeia?

a) Inglaterra.
b) França.
c) Itália.
d) Noruega.
e) Espanha.

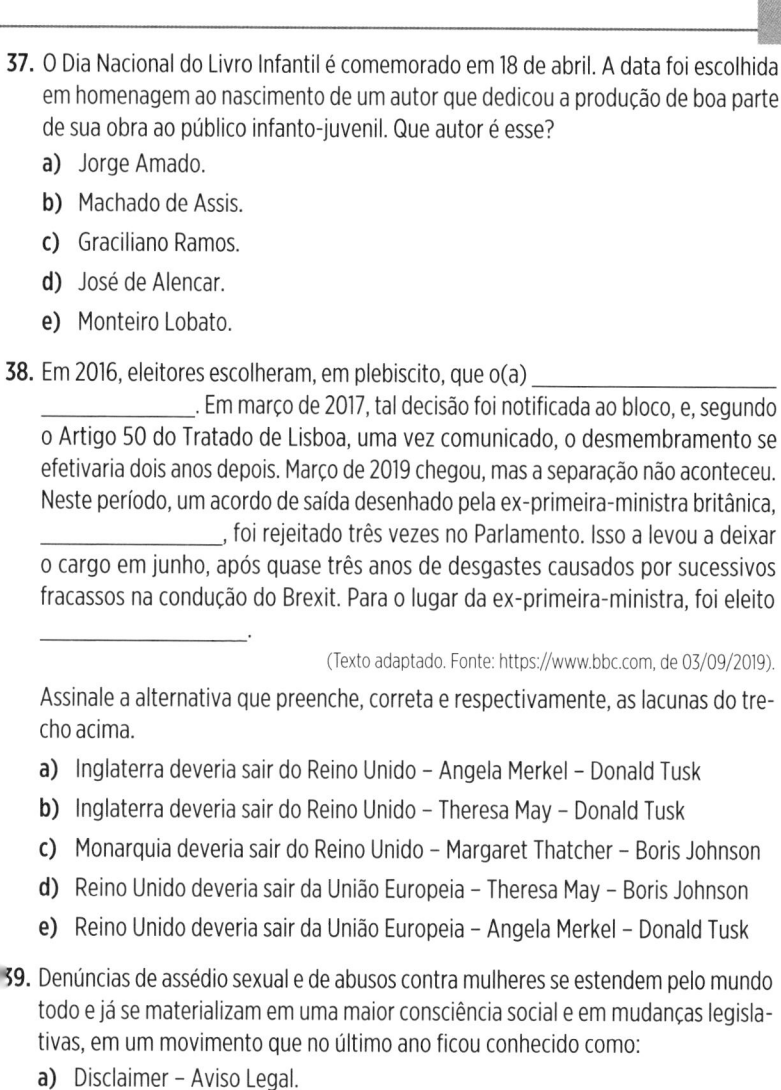

37. O Dia Nacional do Livro Infantil é comemorado em 18 de abril. A data foi escolhida em homenagem ao nascimento de um autor que dedicou a produção de boa parte de sua obra ao público infanto-juvenil. Que autor é esse?
a) Jorge Amado.
b) Machado de Assis.
c) Graciliano Ramos.
d) José de Alencar.
e) Monteiro Lobato.

38. Em 2016, eleitores escolheram, em plebiscito, que o(a) _____ _____. Em março de 2017, tal decisão foi notificada ao bloco, e, segundo o Artigo 50 do Tratado de Lisboa, uma vez comunicado, o desmembramento se efetivaria dois anos depois. Março de 2019 chegou, mas a separação não aconteceu. Neste período, um acordo de saída desenhado pela ex-primeira-ministra britânica, _____, foi rejeitado três vezes no Parlamento. Isso a levou a deixar o cargo em junho, após quase três anos de desgastes causados por sucessivos fracassos na condução do Brexit. Para o lugar da ex-primeira-ministra, foi eleito _____.

(Texto adaptado. Fonte: https://www.bbc.com, de 03/09/2019).

Assinale a alternativa que preenche, correta e respectivamente, as lacunas do trecho acima.
a) Inglaterra deveria sair do Reino Unido – Angela Merkel – Donald Tusk
b) Inglaterra deveria sair do Reino Unido – Theresa May – Donald Tusk
c) Monarquia deveria sair do Reino Unido – Margaret Thatcher – Boris Johnson
d) Reino Unido deveria sair da União Europeia – Theresa May – Boris Johnson
e) Reino Unido deveria sair da União Europeia – Angela Merkel – Donald Tusk

39. Denúncias de assédio sexual e de abusos contra mulheres se estendem pelo mundo todo e já se materializam em uma maior consciência social e em mudanças legislativas, em um movimento que no último ano ficou conhecido como:
a) Disclaimer – Aviso Legal.
b) Feminists – Feministas.
c) Liberal neofeminism – Neofeminismo liberal.
d) Me Too – Eu também.
e) Sexism – Sexismo.

40. A Secretaria _____ tem por finalidade promover a arrecadação dos tributos e expedir certidões relativas, promovendo o incremento da arrecadação com a fiscalização efetiva; controlar o orçamento e efetuar os lançamentos contábeis;

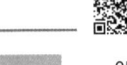

emitir os empenhos, sua liquidação e o pagamento das contas, com a conciliação bancária.

Assinale a alternativa que preenche corretamente a lacuna do trecho acima.

a) da Administração
b) da Agricultura e Abastecimento
c) do Desenvolvimento Econômico, Indústria, Comércio e Turismo
d) da Fazenda
e) da Gestão

41. A separação do lixo doméstico é uma atitude simples e pode contribuir com grandes resultados no meio ambiente. Se na cidade não houver coleta seletiva pública, é possível encontrar locais que aceitem alguns tipos de materiais para reciclagem. A separação básica do lixo pode ser feita entre:

a) Lixo do banheiro (papel higiênico, embalagem de pasta de dente) e da cozinha (restos de comida e embalagem de leite).
b) Lixo seco (materiais recicláveis) e lixos úmidos (materiais orgânicos e não recicláveis).
c) Embalagens compradas no supermercado e embalagens de comida pronta.
d) Lixo hospitalar (alto risco de contaminação) e lixo doméstico (somente itens orgânicos)
e) Produtos que nunca podem ir para o lixo (lâmpadas e baterias) e produtos orgânicos (resto de alimentos e embalagens),

42. Neste ano, no Estado do Rio Grande do Sul, a campanha de vacinação contra a gripe começou mais cedo, 5 dias antes do restante do país. O público priorizado nessa etapa inicial da campanha incluiu:

a) Pessoas com idade a partir de 60 anos.
b) Portadores de doenças crônicas não transmissíveis.
c) Crianças a partir de 6 meses a menores de 6 anos de idade.
d) População privada de liberdade e funcionários do sistema prisional.
e) Trabalhadores de saúde dos serviços públicos e privados.

43. No dia 25 de abril de 2016, iniciou a Campanha de Vacinação contra a Gripe A - H1N1, nas 16 unidades de saúde do município de Viamão e no Setor Especializado em Imunizações (SEI), localizado no Centro Administrativo da Secretaria Municipal de Saúde. A imunização é destinada a todas as pessoas que integram os grupos prioritários para vacinação. Assinale a alternativa que NÃO corresponde aos grupos prioritários dessa vacinação.

a) Gestantes em qualquer período gestacional.
b) Fumantes.

c) Indígenas.
d) Pessoas com 60 anos ou mais.
e) Trabalhadores em saúde.

44. Leia a seguinte notícia divulgada pelo jornal Brasil de Fato (DF) em 17/12/2020:
"1,8 milhão de crianças e adolescentes estavam submetidas a trabalho infantil no Brasil em 2019, conforme a Pesquisa Nacional por Amostra de Domicílios Contínua (PNAD Contínua). Proporcionalmente, o número indica que 4,6% de todos os brasileiros considerados menores de idade desenvolviam algum tipo de trabalho considerado 'perigoso e prejudicial para a saúde e desenvolvimento mental, físico, social ou moral das crianças e que interfere na sua escolarização".

Nesse contexto, conforme a legislação vigente:

I. Qualquer forma de trabalho é proibida até os 13 anos.

II. Entre 14 e 15, é permitido o trabalho apenas na forma de aprendiz.

III. Aos 16 e 17, é permitido trabalho noturno, desde que não insalubre e perigoso.

Quais estão corretas?
a) Apenas I.
b) Apenas II.
c) Apenas I e II.
d) Apenas I e III.
e) I, II e III.

45. Ana Terra e Bibiana são personagens criados por qual importante escritor gaúcho?
a) Mário Quintana.
b) Érico Veríssimo.
c) Moacyr Scliar.
d) Josué Guimarães.
e) Caio Fernando Abreu.

46. Entidade constituída de diversos órgãos, entre eles o conselho de segurança, passando a existir oficialmente a partir de 24 de outubro de 1945, denomina-se:
a) OCDE (Organização para a Cooperação e o Desenvolvimento Econômico).
b) OMS (Organização Mundial da Saúde).
c) ONU (Organização das Nações Unidas).
d) OMC (Organização Mundial do Comércio).
e) OEA (Organização dos Estados Americanos).

47. Em 2019 o mundo celebra os 500 anos da morte do gênio Leonardo da Vinci. Sobre ele, são feitas as seguintes afirmações:

I. Fez parte do movimento cultural denominado Renascimento.
II. Entre suas principais obras, estão A Última Ceia e o Homem Vitruviano.
III. Foi contemporâneo de Michelangelo.

Quais estão corretas?

a) Apenas I.
b) Apenas II.
c) Apenas I e III.
d) Apenas II e III.
e) I, II e III.

48. No Brasil, durante o horário de verão, os relógios devem ser adiantados em uma hora. Entretanto, o horário de verão não é utilizado em todo território nacional. O horário de verão atinge as seguintes regiões:

I. Norte.
II. Nordeste.
III. Centro-oeste.

Quais estão corretas?

a) Apenas I.
b) Apenas III.
c) Apenas I e II.
d) Apenas II e III.
e) I, II e III.

49. Assinale a alternativa que representa um modelo clássico de conteúdo de história em sala de aula, considerando a visão de Leandro Karnal (2008).

a) História da Grécia e Roma.
b) História antiga e africana.
c) História antiga e oriental.
d) Temporalidade, sequencialidade e linearidade.
e) Objetividade, factualismo e oralidade.

50. "União Europeia debate, em Bruxelas, um plano de 750 bilhões de euros para recuperação da economia do continente".

(Fonte: https://g1.globo.com/20/7/2020) Bruxelas é capital de que país europeu?

a) Suécia.
b) Holanda.
c) Bélgica.
d) Finlândia.
e) Suíça.

51. O historiador Leandro Karnal, ao refletir sobre o papel do professor, também define um conceito para o educador dessa área. Assinale o conceito que representa o significado e o papel do professor de história, considerando a visão do historiador.

   a) É o profissional que ama sua profissão, que tem vocação para executar a transmissão do conhecimento de forma apaixonada e com metodologia que revela eficiência.

   b) O professor é o elemento importantíssimo na educação, pois sua função é mostrar o que é a cultura, história e construir uma teia de relações em busca da precisão dos fatos de forma verdadeira e absoluta.

   c) O professor é um ingrediente importantíssimo, é o mediador do patrimônio cultural da humanidade, como também dos educandos. Portanto, para cumprir o papel de mediador, o professor precisa conhecer o alicerce de nossa cultura.

   d) Ser professor é dar significado às interrogações das questões que surgem na vida, é ser o mestre que reproduz conhecimento das situações concretas. Portanto, a imparcialidade nas questões de ordem social e política são necessárias para não interferir na formação política dos educandos.

   e) Ser professor é dar significado a sua profissão, estabelecer relações objetivas ao ensinar determinada cultura. É ler bons livros teóricos e didáticos, pois o livro de qualidade constrói necessariamente bons professores, que, mesmo desmotivado, conseguirá dar boas aulas.

52. Tabaré Vázquez e Maurício Macri exerceram, respectivamente, a presidência de que países?

   a) Espanha e França.
   b) Bolívia e Chile.
   c) Peru e Colômbia.
   d) Paraguai e Equador.
   e) Uruguai e Argentina.

53. Em 28 de maio, data em que completaria 100 anos, o Google homenageou com um doodle especial Dorina Nowill.

(Fonte: https://guiadoestudante.abril.com.br, de 28/05/2019).

Quem foi Dorina Nowill?

a) Autora do livro "Quarto de Despejo: Diário de uma Idosa". Na obra, ela relata sua adaptação e força de viver, ao adquirir glaucoma, após os 60 anos, provocando danos ao nervo óptico e perda da visão, sendo abandonada por seus familiares.

b) Educadora que fundou a primeira escola pública para surdos na França, dedicando sua vida ao ensino para surdos.

c) Educadora, filantropa e ativista, foi pioneira na luta pela acessibilidade para cegos no Brasil, em especial no que se refere à educação.

d) Ficou conhecida como uma das mulheres mais atuantes na literatura brasileira, ganhando diversos prêmios de destaque, entre eles, o Prêmio Camões, sendo a primeira mulher a recebê-lo. Entre suas obras de destaque estão O Quinze, As Três Marias e O Caminho de Pedras, destacando, como de costume, a vida social nordestina. Também ficou conhecida por ser a primeira mulher a ingressar na Academia Brasileira de Letras.

e) Um dos nomes mais conhecidos do ativismo homossexual no Brasil. Natural de Bodocó (PE), foi a frente da legalização do nome social. Na capital paulista, ela se tornou famosa no bairro do Bixiga, onde passou a acolher LGBTs em situação de vulnerabilidade.

54. Seis meses após o Massacre de Suzano – no dia de 13 de março de 2019, o Brasil ficou chocado com o ocorrido na cidade de Suzano, onde duas pessoas encapuzadas efetuaram disparos dentro da Escola Estadual Prof. Raul Brasil, matando ao menos oito pessoas. Os dois atiradores cometeram suicídio, totalizando em dez o número de mortos na ação.

Em qual Estado ocorreu esse episódio?

a) Rio de Janeiro.
b) Rio Grande do Sul
c) Roraima.
d) Santa Catarina.
e) São Paulo.

55. O Apartheid foi um regime de segregação racial existente na África do Sul entre os anos de 1948 e 1994, que impunha aos negros:

I. Vida confinada em guetos.
II. Cidadania restrita: podiam votar, mas não podiam ser votados.
III. Proibição do casamento com brancos.

Quais estão corretas?
a) Apenas I.
b) Apenas II.
c) Apenas I e III.
d) Apenas II e III.
e) I, II e III.

56. Em 23 de junho passado, teve início o drama, acompanhado pelo mundo todo, dos adolescentes de uma equipe de futebol e de seu treinador que acabaram presos em uma caverna na:
a) Nova Zelândia.
b) Tailândia.
c) Islândia.
d) Finlândia.
e) Austrália.

57. Campanha idealizada pelo Ministério Público Federal busca informar a população sobre legislação já existente: "A falta de informação é um problema para as vítimas, que se encontram em uma situação dramática e acham que só podem recorrer à polícia", disse o procurador dos Direitos do Cidadão em São Paulo, Pedro Antônio de Oliveira Machado. O que prevê a Lei nº 12.845/2013 tratada na notícia acima?

SUA PALAVRA É LEI.

a) Garantia de distribuição das cotas raciais destinadas ao acesso às universidades e penalização às instituições que cometem qualquer tipo de discriminação.

b) Garantia de proteção às mulheres contra qualquer tipo de violência doméstica, seja física, psicológica, patrimonial ou moral.

c) Garantia de atendimento médico qualificado e imediato aos cidadãos que tenham sofrido agressões motivadas por homofobia ou qualquer outro tipo de preconceito de raça, sexo, entre outros.

d) Que todos os hospitais integrantes do Sistema Único de Saúde (SUS) devem prestar atendimento humanizado e imediato às pessoas vítimas de violência sexual. O atendimento, de acordo com a lei, deve ser feito independentemente da apresentação de boletim de ocorrência ou de outros documentos que comprovem o abuso sofrido.

e) Tipificação de crimes de natureza "cibernética" e bloqueio a qualquer acesso indevido causado por redes sociais.

58. Conforme notícia do Jornal Correio do Povo, veiculada em 24/11/2017, com base em pesquisa divulgada pelo IBGE, o Rio Grande do Sul tem 11,2 milhões de residentes em 2016, o que representa um aumento de 1,5% em relação a 2012. A Pesquisa Nacional por Amostra de Domicílios Contínua ainda trouxe outros dados referentes à população idosa, perfil de cor ou raça, condição de domicílio da população e lares gaúchos com acesso à internet. Com base nessa notícia, assinale a alternativa INCORRETA.

a) Em relação à idade, o levantamento indicou um crescimento considerável na população idosa (com mais de 60 anos), que passou de 1,7 milhão para mais de 2 milhões, representando crescimento de 15% entre 2012 e 2016. Por outro lado, houve redução na população jovem, especialmente na faixa etária entre 5 e 19 anos.

b) O acesso à internet foi outro ponto pesquisado pelo IBGE. No Rio Grande do Sul, 67% dos lares gaúchos não têm internet, sendo que o maior acesso é pelo telefone celular.

c) A pesquisa também analisou o perfil de cor ou raça, de acordo com a autodeclaração. Nesse aspecto, a população gaúcha é predominantemente branca (81,5%), enquanto que parda seria de 13% e preta, de 5,2%.

d) No estado do RS, a maior parte da população (36,9%) é responsável pelo seu domicílio. Nas demais categorias, 31,4% são filhos ou enteados que moram com os pais; 23,5% moram com companheiros; e 8,2% declararam outra classificação.

e) Entre os bens, 96,3% dos lares possuem pelo menos um telefone celular e 54,4% computadores.

59. A imagem abaixo é a foto oficial de um novo grupo de países que se organiza na América do Sul e teve sua primeira reunião no Palácio de La Moneda no Chile. Esse novo grupo é um fórum regional de diálogo e se denomina:

a) UNASUL.
b) CONESUL.
c) PROSUL.
d) PROAMÉRICA.
e) MERCOSUL.

60. Predomínio de muitas transformações econômicas na Grécia na diversificação da agricultura, no aperfeiçoamento de técnicas agrárias, na ampliação dos centros artesanais, no desenvolvimento de rotas marítimas e na instituição de algumas cidades-estados, de políticas imperialistas. Essa configuração histórica se estabeleceu em que período?
    a) Helenístico.
    b) Homérico.
    c) Arcaico.
    d) Clássico.
    e) Pré-homérico.

Gabaritos

01.	E	21.	D	41.	B
02.	D	22.	B	42.	C
03.	B	23.	E	43.	B
04.	D	24.	A	44.	C
05.	C	25.	C	45.	B
06.	C	26.	D	46.	C
07.	E	27.	C	47.	E
08.	C	28.	C	48.	B
09.	D	29.	C	49.	D
10.	E	30.	C	50.	C
11.	C	31.	B	51.	C
12.	D	32.	D	52.	E
13.	B	33.	B	53.	C
14.	C	34.	D	54.	E
15.	B	35.	A	55.	C
16.	D	36.	E	56.	B
17.	E	37.	D	57.	D
18.	E	38.	D	58.	B
19.	B	39.	D	59.	C
20.	C	40.	C	60.	D

MATEMÁTICA

MATEMÁTICA

01. O volume de um recipiente de forma cilíndrica reta é de 36 cm³. Se diminuirmos o raio da base circular pela metade e mantivermos a altura, o volume será de:
   a) 6 cm³.
   b) 9 cm³.
   c) 12 cm³.
   d) 18 cm³.
   e) 24 cm³.

02. Uma determinada empresa comprou 10 galões no formato cilíndrico, completamente cheios com álcool gel. Considerando que cada galão tem 40 cm de diâmetro por 60 cm de altura e que 1 litro corresponde a 1.000 cm³, quantos litros de álcool gel foram adquiridos por essa empresa no total? (Considere $\pi = 3$).
   a) 72 litros.
   b) 288 litros
   c) 576 litros.
   d) 720 litros.
   e) 1.200 litros.

03. Conforme o último Censo, um determinado município tem 600 alunos matriculados no Ensino Fundamental e 95 no Ensino Médio. Considerando que esse município tem 7.500 habitantes, qual a taxa percentual que corresponde ao número total dos alunos matriculados no Ensino Fundamental, em relação ao total de habitantes desse município?
   a) 3%.
   b) 5%.
   c) 7%.
   d) 8%.
   e) 9%.

04. Eva e Ana estão com a missão de enviar via correio os convites do próximo evento da empresa onde trabalham. Em um dia, Ana conseguiu envelopar 54 convites, e Eva, 42. Caso elas mantenham o mesmo ritmo, quando Ana tiver envelopado 360 convites, quantos convites Eva terá envelopado?
   a) 294.
   b) 280.
   c) 278.
   d) 270.
   e) 252.

05. Jonas anda de patins toda manhã perto de sua casa, em um determinado dia, em 1 minuto e 10 segundos, ele percorreu 560 metros. Considerando essas informações, após 8 minutos, quantos metros Jonas terá percorrido?
a) 3.733.
b) 3.840.
c) 3.200.
d) 4.480.
e) 3.360.

06. Martina está assistindo sua série favorita e viu que ainda faltavam 4 episódios, que totalizam 162 minutos, para terminar a última temporada. Martina olhou para o relógio e viu que já eram 21 horas e 33 minutos. Caso ela resolva olhar os episódios faltantes, qual será o horário em que ela terminará de assistir?
a) Meia noite e 15 minutos.
b) 23 horas e 25 minutos.
c) Meia noite e 25 minutos.
d) 23 horas e 15 minutos.
e) 1 hora da manhã e 5 minutos.

07. Gilmar precisa realizar uma viagem e sabe que seu veículo, a cada 300 km, gasta 35 litros de gasolina. Caso ele precise percorrer 480 km, qual será o total de combustível necessário?
a) 45.
b) 53.
c) 56.
d) 62.
e) 70.

08. Gabriele trabalha em uma revenda de carros que concede comissão aos colaboradores, conforme suas vendas. A cada 10 carros vendidos, o colaborador recebe um bônus de R$ 300,00. Sabendo que, no mês de abril de 2021, Gabriele recebeu R$2.220,00 de comissão, quantos carros Gabriele vendeu?
a) 60.
b) 68.
c) 70.
d) 74.
e) 80.

09. No restaurante do Juquinha, na primeira semana do mês, 44 dos clientes optaram pela opção de buffet livre e 36 pela opção buffet a quilo. Sabendo dessas informações, analise as assertivas abaixo:

I. O número de clientes que optam pela opção buffet a quilo é maior que o dobro do número de clientes que optam pela opção buffet livre.

II. Na primeira semana do mês, o restaurante de Juquinha recebe menos de 500 clientes.

III. O percentual de clientes que optam pela opção de buffet livre é maior que 24%.

Quais estão corretas?

a) Apenas I.
b) Apenas II.
c) Apenas III.
d) Apenas I e III.
e) I, II e III.

10. Qual o resultado da equação de primeiro grau **2x - 7 = 28 - 5x**?

a) 3.
b) 5.
c) 7.
d) -4,6.
e) Não é possível resolver essa equação.

11. A solução do sistema de equações $\begin{cases} 2x-5y = 338 \\ -3x+4y = -255 \end{cases}$ é:

a) Possível e determinado x=-11 e y=-72.
b) Possível e determinado x=309 e y=56.
c) Possível e determinado x=38 e y=-35.
d) Possível e indeterminado.
e) Impossível.

12. Considere as seguintes afirmações sobre os números naturais:

I. A soma de dois números naturais pares é sempre um número par.

II. A soma de dois números ímpares é sempre um número ímpar.

III. Há infinitos números primos.

Quais estão corretas?

a) Apenas I.
b) Apenas II.

c) Apenas I e II.
d) Apenas I e III.
e) I, II e III.

13. Fátima é artesã; para produzir um lote de um determinado produto, ela leva 20 dias, sendo que ela trabalha 6 horas por dia. Se Fátima começar a trabalhar 8 horas por dia, quantos dias ela vai levar para produzir essa mesma quantidade de produto?
a) 8.
b) 10.
c) 12.
d) 15.
e) 18.

14. A empresa Coma Bem tinha 150 funcionários em 2020, dentre eles, 40% trabalhavam na cozinha; já em 2021, essa porcentagem diminuiu para 30%, porém o número de funcionários na cozinha continuou o mesmo. Com base nesses dados, podemos dizer que em 2021 a empresa Coma Bem está com um total de quantos funcionários?
a) 180.
b) 190.
c) 200.
d) 230.
e) 350.

15. Anderson é um dos colaboradores de uma empresa de mineração, a meta semanal dele é de 300 kg de carvão. Sabendo que Anderson consegue produzir 20 kg a cada 2 horas e que ele trabalha 6 dias por semana e tem carga horária de 6 horas/dia, se ele iniciar a produção na sua primeira hora de trabalho, sem qualquer interrupção, em quantos dias ele terá sua meta concluída?
a) Quatro.
b) Cinco.
c) Dez.
d) Doze.
e) Quinze.

16. Dentre as expressões abaixo, a única que NÃO é possível de se obter um resultado numérico é:
a) 2^{100}.
b) 1^0.
c) $5/0,0000001$.
d) $4/0$.
e) 100^1.

MATEMÁTICA

17. Um funcionário da prefeitura precisa realizar um trabalho externo que leva em torno de 2h entre ida e volta. Se esse mesmo funcionário realizar 5 vezes por mês esse trabalho, em seus 20 dias, com 8h regulares de trabalho por dia, ele terá trabalhado externamente cerca de aproximadamente quanto da sua carga horária de trabalho mensal?
   a) 2%.
   b) 3%.
   c) 6%.
   d) 10%.
   e) 12%.

18. Se o comprimento de uma circunferência é 36π, então a medida do raio dessa circunferência é:
   a) 36.
   b) 18.
   c) 9.
   d) 3.
   e) 1.

19. A **soma** e o **produto** das raízes da equação do segundo grau $2x^2 + 4x - 6 = 0$ são, respectivamente:
   a) -2 e -3.
   b) -3 e -2.
   c) 2 e 3.
   d) 3 e 2.
   e) 2 e -6.

20. Se $f(3) = 15$ em $f(x) = (a-1)x + 5$, então o valor de "a" será:
   a) 1/3
   b) 1/2
   c) 103/13
   d) 13/3
   e) 10/3

21. Qual é o resultado da simplificação da fração 20/35?
   a) 1/1
   b) 1/2
   c) 2/3,5
   d) 4/7
   e) 2/3

22. Qual das alternativas abaixo apresenta o valor correspondente à fração 1/2 ?
Alternativas
a) 1.
b) 2.
c) 0,15
d) 0,25.
e) 0,5.

23. A empresa Seja Feliz está analisando formas de economizar água. Durante essa análise, verificou que eram gastos 13 litros de água a cada descarga dos vasos sanitários. O responsável pela análise considerou que em média 45 pessoas utilizam os banheiros e que dentro dos banheiros há 3 vasos sanitários. Sabendo dessas informações, qual é o consumo de água da empresa Seja Feliz?

Ainda sobre a empresa Seja Feliz, com base no resultado da questão anterior, o responsável realizou algumas pesquisas sobre os vasos sanitários mais modernos, que possuem duplo acionamento, e verificou que a economia seria igual a 4/9, ou seja, seria de:
a) 195 litros.
b) 260 litros.
c) 65 litros.
d) 780 litros.
e) 87 litros.

24. A empresa Seja Feliz está analisando formas de economizar água. Durante essa análise, verificou que eram gastos 13 litros de água a cada descarga dos vasos sanitários. O responsável pela análise considerou que em média 45 pessoas utilizam os banheiros e que dentro dos banheiros há 3 vasos sanitários. Sabendo dessas informações, qual é o consumo de água da empresa Seja Feliz?
a) 135 litros.
b) 195 litros.
c) 292 litros.
d) 585 litros.
e) 1.755 litros.

25. Qual das alternativas abaixo apresenta apenas números primos?
a) 2, 3, 7, 11.
b) 2, 4, 6, 8.
c) 2, 5, 9, 11.
d) 3, 6, 9, 12.
e) 5, 9, 11, 12.

MATEMÁTICA

26. Romilda paga R$ 875,00 de aluguel da casa onde mora. No próximo mês, seu aluguel terá um aumento de 9%, sendo assim, qual será o valor de aluguel que Romilda passará a pagar?
   a) R$ 875,90.
   b) R$ 884,00.
   c) R$ 953,75.
   d) R$ 965,00.
   e) R$ 972,22.

27. A fábrica de carvão Juquinha tem armazenado em seu estoque 70 sacos de carvão de exatamente 3,5 kg. Caso o dono da Juquinha alterasse a quantidade de cada embalagem para 2,5 kg, seria possível colocar a quantidade de carvão já armazenados em quantos sacos de carvão?
   a) 80.
   b) 85.
   c) 90.
   d) 98.
   e) 110.

28. O número decimal 0,333... também pode ser representado pela fração:
   a) 1/3
   b) 1/2
   c) 2/2
   d) 2/3
   e) 3/3

29. Mauro precisa emagrecer e, para isso, procurou uma academia para que iniciasse exercícios físicos. No seu primeiro dia de treino, passou por avaliação da nutricionista, que informou que ele estava pesando 98 kg e que, para atingir seu peso ideal, precisava emagrecer 10% desse peso. Após um mês de academia, realizou nova avaliação com a nutricionista e ela informou que ele havia emagrecido 4,8 kg. Sabendo disso, quantos quilos Mauro ainda precisa emagrecer?
   a) 8,2 Kg.
   b) 9,3 Kg.
   c) 9,8 Kg.
   d) 4,0 Kg.
   e) 5,0 Kg.

30. Dalva é Servente de Limpeza e Copa do local onde trabalha e, a pedido de seu supervisor, foi ao estoque verificar a quantidade de um determinado produto que utiliza durante a higienização dos ambientes. Ao chegar no estoque, verificou que haviam 8 garrafas de 2,5 litros que estavam completamente cheias. Sendo assim, Dalva pode comunicar ao seu supervisor que existem quantos litros do produto?
a) 8,0.
b) 16,0.
c) 16,4.
d) 18,5.
e) 20,0.

31. Considerando as informações da questão anterior e sabendo que Dalva utiliza 800 ml por dia, por quantos dias Dalva terá produto disponível?
a) Exatamente 25 dias.
b) Exatamente 10 dias.
c) 23 dias e sobra um pouco de produto.
d) 24 dias e sobra um pouco de produto.
e) 20 dias e sobra um pouco de produto.

32. Em um livro de duzentas páginas, foram arrancadas as páginas 101 a 108, sendo assim, quantas folhas foram arrancadas do livro?
a) 8 folhas.
b) 7 folhas.
c) 6 folhas.
d) 5 folhas.
e) 4 folhas.

33. O resultado da divisão (25%) ÷ (5%) é:
a) 500%.
b) 50%.
c) 5%.
d) 2%.
e) 1%

34. Considere as seguintes afirmações sobre os critérios de divisibilidade dos números inteiros:
I. Todo número par é divisível por 8.
II. 221376 é divisível por 6.
III. 968732512 é divisível por 4.
IV. Todo número ímpar é divisível por 3.

MATEMÁTICA

Quais estão corretas?
a) Apenas I e II.
b) Apenas I e III.
c) Apenas II e III.
d) Apenas II e IV.
e) I, II, III e IV.

35. Eva está fazendo um doce que precisa ficar 45 minutos no forno, porém, na receita é solicitado que, ao chegar a 1/3 do tempo, o doce seja retirado do forno e sejam adicionadas gotas de chocolate. Considerando essas informações, qual é o tempo que Eva deverá colocar em seu cronômetro para realizar o procedimento de colocar as gotas de chocolate?
a) 5.
b) 10.
c) 15.
d) 25.
e) 30.

36. No ano de 2019, foram internados no hospital municipal 846 indivíduos, entre 60 e 74 anos, com pneumonia. Se no ano de 2020 ocorreu um aumento de 17,5% de internamentos com essa especificação, então quantos indivíduos aproximadamente foram internados?
a) 148.
b) 212.
c) 698.
d) 890.
e) 994.

37. Se $f(2) = 16$ em $f(x) = (a-1)x^2 + ax + 2$, então o valor de "a" será:
a) 6.
b) 5.
c) 4.
d) 3.
e) 2.

38. Em uma pesquisa realizada com 100 pessoas em Paraí, constatou-se que 30 delas gostam de Matemática, 50 gostam de Lógica e 20 gostam de Lógica e Matemática ao mesmo tempo. O número de pessoas consultadas, na pesquisa em Paraí, que não gostam nem de Lógica nem de Matemática é:
a) 10.

b) 20.
c) 30.
d) 40.
e) 50.

39. O custo de produção de x unidades de um produto em reais é determinado pela função $C(x) = 2x^2 - 160x + 20000$. O custo mínimo ocorre para uma produção de quantas unidades?
a) 10.
b) 18.
c) 20.
d) 40.
e) 50.

40. Qual é o volume, em m^3, de uma piscina em formato de paralelepípedo medindo 7m de comprimento, 3,5m de largura e 2m de profundidade?
a) 35.
b) 49.
c) 52.
d) 63.
e) 70.

41. José trabalha no Administrativo da Brigada e precisa comprar um objeto que custava R$ 240,00 e teve um aumento de 18%. Qual o valor que José pagará por esse objeto?
a) R$ 278,40.
b) R$ 280,50.
c) R$ 282,90.
d) R$ 283,20.
e) R$ 284,80.

42. O tanque de combustível da viatura tem capacidade de 64 litros. Se o marcador de combustível estiver indicando 3/4, quantos litros de combustível haverá no tanque?
a) 16.
b) 34.
c) 48.
d) 50.
e) 56.

MATEMÁTICA

43. Uma indústria utiliza 12 máquinas para produzir 200 coletes a prova de bala por dia. Mantendo a mesma proporção, se essa indústria utilizasse 36 máquinas, quantos coletes a prova de bala poderiam ser produzidos por dia?
   a) 450.
   b) 480.
   c) 500.
   d) 550.
   e) 600.

44. Um terreno em formato retangular medindo 100m de comprimento por 50m de largura foi dividido em 8 lotes iguais. Qual a área, em m^2, de cada lote?
   a) 600.
   b) 625.
   c) 750.
   d) 805.
   e) 845.

45. Sabendo que no primeiro dia de treino um Bombeiro percorreu 3 km e a cada dia seguinte percorria 200m a mais que no dia anterior, quantos quilômetros esse Bombeiro teria percorrido em 15 dias de treino?
   a) 60,0.
   b) 64,0.
   c) 66,0.
   d) 68,0.
   e) 70,0.

46. Um investidor aplicou R$ 30.000,00 em uma instituição financeira a uma taxa de juros simples de 2% ao mês. Qual o valor do juro obtido em um ano?
   a) R$ 7.200,00.
   b) R$ 7.800,00.
   c) R$ 8.000,00.
   d) R$ 8.200,00.
   e) R$ 8.500,00.

47. Em um grupo formado por 80 pessoas há 10 que não sabem dirigir. Qual é a probabilidade de escolher ao acaso uma pessoa que saiba dirigir?
   a) 85,0%.
   b) 87,5%.
   c) 90,0%.

d) 92,5%.
e) 94,0%.

48. Para revestir uma cadeira, foi utilizado um tecido em formato quadrado medindo 60 cm cada lado. Qual é a área, em m², desse tecido?
a) 0,36.
b) 1,20.
c) 3,60.
d) 12,00.
e) 36,00.

49. Sabendo que 18 trabalhadores montam uma arquibancada em 24 dias, quantos dias 6 trabalhadores levarão para montar a mesma arquibancada nas mesmas condições de trabalho?
a) 8.
b) 12.
c) 36.
d) 48.
e) 72.

50. Se uma prova consta de 10 questões com 5 alternativas cada uma, e entre elas, apenas uma correta, então, é correto afirmar que, entre os possíveis cartões de respostas para essa prova, o número de possibilidades de cartões com exatamente 8 questões corretas é de:
a) $4^5 \cdot C_{10,8}$
b) $4^5 \cdot C_{10,2}$
c) $5^4 \cdot C_{10,2}$
d) $4^2 \cdot C_{10,2}$
e) $4^4 \cdot C_{10,8}$

51. Considere os dois triângulos retângulos abaixo:

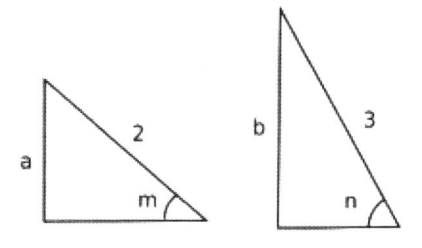

Se o seno de **n** é o dobro do seno de m, então podemos dizer que:

a) a = b
b) a = 2b
c) b = 2a
d) b = 3a
e) a = 4*b*

52. O M.M.C. é um procedimento que encontra o mínimo múltiplo comum entre dois ou mais números. Ele é muito usado para obtermos um denominador comum entre frações. Assinale a alternativa que contém o M.M.C. de 8 e 16.
a) 8.
b) 10.
c) 12.
d) 14.
e) 16.

53. Dada a operação $\dfrac{3}{4} + \dfrac{1}{2}$, a leitura do resultado é:
a) Quatro sextos.
b) Cinco quartos.
c) Três oitavos.
d) Três meios.
e) Quatro meios.

54. Jair Rogério é praticante de escalada. Seu recorde de escalada livre é de 18.000 cm. Assinale a alternativa que apresenta quantos quilômetros essa escalada representa.
a) 180.
b) 18.
c) 1,8.
d) 0,18.
e) 0,018.

55. Sendo p(x) um polinômio de grau 2 com uma raiz nula, se p(x) − p(x − 2) = 4x, então podemos afirmar que p(x) é dado por:
a) $-x^22 + 2x$
b) $X^2 - x$
c) $X^2 - 4x$
d) $X^2 + 2$
e) $X^2 + 2x$

56. José Inácio recebe de seu pai o valor de R$ 1,75 por tarefa doméstica feita diariamente. Sendo que ele executa 6 tarefas diárias, de segunda a sexta-feira, assinale a alternativa que mostra quanto José Inácio acumula de valor a receber por semana.
a) R$ 8,75.
b) R$ 10,50.
c) R$ 43,75.
d) R$ 52,50.
e) R$ 63,00.

57. O resultado da seguinte expressão numérica [(8 – 5 + 2) x 2] – 3 é:
a) 5.
b) 6.
c) 7.
d) 8.
e) 9.

58. Considere o número 754.129, assinale a alternativa INCORRETA.
a) O algarismo 9 pertence à classe das unidades.
b) O algarismo 4 pertence à classe das centenas.
c) O algarismo 7 pertence à classe das centenas de milhar.
d) O algarismo 2 pertence à classe das dezenas.
e) O algarismo 1 pertence à classe das centenas.

59. Números primos são aqueles que possuem apenas dois divisores, o 1 e eles mesmos. Assinale a alternativa que contém um número primo.
a) 83.
b) 77.
c) 69.
d) 57.
e) 49.

60. No estudo do uso de medicamentos para pressão arterial e anticoagulação, um grupo de 56 pacientes de um médico, constatou-se que 12 desses pacientes não usavam medicamentos e 34 pacientes usam ambos os medicamentos. O número de pacientes desse grupo que usava exclusivamente um desses medicamentos é:
a) 44.
b) 38.
c) 34.
d) 22.
e) 10.

Gabaritos

#	Resp.	#	Resp.	#	Resp.
01.	B	21.	D	41.	D
02.	D	22.	E	42.	C
03.	D	23.	B	43.	E
04.	B	24.	D	44.	B
05.	B	25.	A	45.	C
06.	A	26.	C	46.	A
07.	C	27.	D	47.	B
08.	D	28.	A	48.	A
09.	D	29.	E	49.	E
10.	B	30.	A	50.	D
11.	A	31.	E	51.	D
12.	D	32.	A	52.	E
13.	D	33.	A	53.	B
14.	C	34.	C	54.	D
15.	B	35.	C	55.	E
16.	D	36.	E	56.	D
17.	C	37.	D	57.	C
18.	B	38.	D	58.	B
19.	A	39.	D	59.	A
20.	D	40.	B	60.	E

DIREITOS HUMANOS E CIDADANIA

DIREITOS HUMANOS E CIDADANIA

01. A Declaração Universal dos Direitos Humanos foi elaborada em dezembro de _____ pela _____, e está organizada em _____ artigos. Esta Declaração representa "o ideal comum a ser atingido por todos os povos e todas as nações, com o objetivo de que cada indivíduo e cada órgão da sociedade [...] esforce-se [...] por promover o respeito a esses _____, e [...] por assegurar o seu reconhecimento e a sua observância universais e efetivos, tanto entre os povos dos próprios Países-Membros quanto entre os povos dos territórios sob sua jurisdição". Assinale a alternativa que preenche, correta e respectivamente, as lacunas do trecho acima.

a) 1945 – Organização Mundial da Saúde – 40 – deveres e liberdades
b) 1948 – Organização das Nações Unidas – 30 – direitos e liberdades
c) 1948 – Organização das nações Unidas – 40 – deveres e liberdades
d) 1945 – Organização das Mundial da Saúde – 30 – direitos e liberdades
e) 1948 – Liga das Nações – 40 – direitos e liberdades

02. Leia a seguinte matéria:

São Paulo, sábado, 18 de novembro de 2006 — FOLHA DE S.PAULO **cotidiano**

Texto Anterior | Próximo Texto | Índice

OEA condena Brasil por não punir caso de racismo

É a primeira vez que um país do continente é responsabilizado pelo crime

Organização acusa governo de não ter investigado denúncia de empregada doméstica que foi barrada em emprego por ser negra

Flávio Florido/Folha Imagem

Simone André Diniz, que levou denúncia de racismo à OEA

"Ao se candidatar a uma vaga de empregada doméstica em São Paulo, Simone foi rejeitada por não atender a um requisito racista: o contratante dava preferência a pessoas de cor branca, conforme anúncio publicado em jornal. O caso foi denunciado à Delegacia de Investigações de Crimes Raciais, onde foi instaurado Inquérito Policial. Apesar das provas irrefutáveis, o Ministério Público do Estado de São Paulo requereu o arquivamento do inquérito sob o argumento que o caso não configurava crime de racismo. Argumentação acolhida pelo Poder Judiciário. O caso continua sem resposta por parte da Justiça brasileira"

(Fonte: https://www.opendemocracy.net/, de 27/07/2020).

O caso Simone André Diniz apresenta um caso de impunidade, pois, conforme o disposto na Constituição da República Federativa do Brasil, a prática do racismo:

a) Não constitui crime.
b) É motivo para banimento e extradição.
c) Constitui crime inafiançável e imprescritível, sujeito à pena de reclusão.
d) É livre de manifestação de qualquer cidadão.
e) Constitui uma infração leve, sendo concedido o pagamento de fiança.

03. O Princípio da Reserva do Possível é alvo de discussões e incertezas no ordenamento jurídico brasileiro, sobretudo quando se fala de direitos sociais. Considerando as divergências e interpretações acerca do tema, assinale a alternativa abaixo que apresente informação INCORRETA sobre o Princípio da Reserva do Possível no contexto dos direitos fundamentais sociais.

a) Vista como uma limitação fática decorrente da real escassez econômica, a Reserva do Possível tornar-se-á um limite imanente, pois é um choque entre a realidade concreta e o mando normativo.
b) No contexto brasileiro, a jurisprudência utilizou o Princípio da Reserva do Possível exclusivamente para refutar a aplicabilidade dos direitos sociais.
c) Considera-se a Reserva do Possível como situação em que a limitação de recursos acaba sendo causada por uma consequência alocativa destes por uma decisão disjuntiva do órgão ou agente competente.
d) Esse princípio teve sua natureza modificada desde sua origem na Alemanha, como o que é razoavelmente concebido como prestação social devida, para sua variante brasileira, como a realização de direitos fundamentais sociais baseada na escassez de recursos.
e) A Reserva do Possível por limitação jurídica, como restrição de direito fundamental social, é passível de controle de constitucionalidade, sobretudo no que tange à consideração dos chamados "limites dos limites".

4. Conforme o Art. 5º da Constituição da República Federativa do Brasil de 1988, assinale a alternativa INCORRETA.

a) É livre a manifestação do pensamento, sendo vedado o anonimato.
b) É assegurado o direito de resposta, proporcional ao agravo, além da indenização por dano material, moral ou à imagem.

DIREITOS HUMANOS E CIDADANIA

c) É livre o exercício de qualquer trabalho, ofício ou profissão, independentemente das qualificações profissionais que a lei estabelecer.

d) É assegurada, nos termos da lei, a prestação de assistência religiosa nas entidades civis e militares de internação coletiva.

e) É plena a liberdade de associação para fins lícitos, vedada a de caráter paramilitar.

05. Não compreende um direito social, previsto no Art. 6º da Constituição Federal de 1988:

a) A educação.

b) A saúde.

c) A moradia.

d) O trabalho.

e) A vida.

06. Maria pretende proteger direito líquido e certo, não amparado por habeas corpus ou habeas data, diante de ato praticado por abuso de poder de autoridade pública. Assinale a alternativa que indica o instrumento correto, constitucionalmente previsto no Art. 5º da Constituição Federal de 1988, apropriado para tutelar a pretensão de Maria:

a) Mandado de segurança.

b) Mandado de injunção

c) Ação de arguição de descumprimento de preceito fundamental.

d) Habeas corpus.

e) Habeas data.

07. Assinale a alternativa que NÃO contém um dos direitos dos trabalhadores urbanos e rurais estendidos aos servidores ocupantes de cargo público, de acordo com a Constituição Federal.

a) Remuneração do trabalho noturno superior à do diurno.

b) Jornada de seis horas para o trabalho realizado em turnos ininterruptos de revezamento, salvo negociação coletiva.

c) Repouso semanal remunerado, preferencialmente aos domingos.

d) Garantia de salário, nunca inferior ao mínimo, para os que percebem remuneração variável.

e) Salário-família pago em razão do dependente do trabalhador de baixa renda nos termos

08. Os direitos fundamentais individuais incluem, EXCETO:
a) Direito à intimidade.
b) Direito à privacidade.
c) Direito aos hábitos pessoais.
d) Direito à greve.
e) Direito à honra.

09. Todos são iguais perante a lei, sem distinção de qualquer natureza. Tal conceito constitucional se refere ao princípio:
a) Devido processo legal.
b) Liberdade.
c) Inafastabilidade de jurisdição.
d) Individualidade.
e) Isonomia.

10. Acerca do Mandado de Segurança, considerando o disposto na Lei nº 12.016/2009 e o entendimento sumulado pelo STF, analise as assertivas abaixo:
I. Não cabe mandado de segurança contra os atos de gestão comercial praticados pelos administradores de empresas públicas, de sociedade de economia mista e de concessionárias de serviço público.
II. O mandado de segurança não é substitutivo de ação de cobrança.
III. Denegado o mandado de segurança pela sentença, ou no julgamento do agravo dela interposto, fica sem efeito a liminar concedida, retroagindo os efeitos da decisão contrária. IV. Cabe mandado de segurança contra lei em tese. V. Controvérsia sobre matéria de direito impede concessão de mandado de segurança.

Quais estão corretas?
a) Apenas I, II e III.
b) Apenas I, II e V.
c) Apenas I, III e IV.
d) Apenas II, III e IV.
e) Apenas III, IV e V.

1. Com base nas disposições da Constituição Federal, analise as assertivas que seguem relativas aos direitos sociais assegurados aos servidores públicos, assinalando V, se verdadeiras, ou F, se falsas.
( ) Proibição de diferença de salários, de exercício de funções e de critério de admissão por motivo de sexo, idade, cor ou estado civil.

DIREITOS HUMANOS E CIDADANIA

( ) Assistência gratuita aos filhos e dependentes desde o nascimento até 5 (cinco) anos de idade em creches e pré-escolas.

( ) Duração do trabalho normal não superior a oito horas diárias e quarenta e quatro semanais, facultada a compensação de horários e a redução da jornada.

A ordem correta de preenchimento dos parênteses, de cima para baixo, é:

a) V – F – V.
b) F – F – V.
c) V – V – F.
d) F – V – F.

12. Acerca dos direitos e garantias fundamentais, previstos na Constituição Federal, assinale a alternativa INCORRETA.

a) Ninguém será privado de direitos por motivo de crença religiosa ou de convicção filosófica ou política, salvo se as invocar para eximir-se de obrigação legal a todos imposta e recusar-se a cumprir prestação alternativa, fixada em lei.

b) A lei considerará crimes inafiançáveis e insuscetíveis de graça ou anistia a prática da tortura, o tráfico ilícito de entorpecentes e drogas afins, o terrorismo e os definidos como crimes hediondos, por eles respondendo os mandantes, os executores e os que, podendo evitá-los, se omitirem.

c) Todos podem reunir-se pacificamente, sem armas, em locais abertos ao público, mediante autorização prévia da autoridade competente, desde que não frustrem outra reunião anteriormente convocada para o mesmo local.

d) Qualquer cidadão é parte legítima para propor ação popular que vise a anular ato lesivo ao patrimônio público ou de entidade de que o Estado participe, à moralidade administrativa, ao meio ambiente e ao patrimônio histórico e cultural, ficando o autor, salvo comprovada má-fé, isento de custas judiciais e do ônus da sucumbência.

e) Os tratados e convenções internacionais sobre direitos humanos que forem aprovados, em cada Casa do Congresso Nacional, em dois turnos, por três quintos dos votos dos respectivos membros, serão equivalentes às emendas constitucionais.

13. Para responder à questão, considere a Constituição da República Federativa do Brasil.

Fábio trabalha na iniciativa privada como vendedor em uma loja de automóveis e recebe sua remuneração mensal somente com base nas vendas que realiza. No entanto, em decorrência da crise que também atingiu o setor automobilístico, Fábio tem recebido como remuneração, em média, o valor correspondente a quinhentos reais por mês. De acordo com a Constituição Federal, são direitos dos trabalhadores urbanos e rurais:

I. Piso salarial proporcional à extensão e à complexidade do trabalho.

II. Garantia de salário nunca inferior ao mínimo para os que percebem remuneração variável.

III. Redução do salário nos casos em que ficar comprovado a incapacidade da empresa em manter a média salarial dos efetivos, em decorrência de crises econômicas generalizadas.

Quais estão INCORRETOS?
a) Apenas I.
b) Apenas II.
c) Apenas III.
d) Apenas I e II.
e) I, II e III.

4. De acordo com Art. 6º da Constituição Federal de 1988, são direitos sociais, EXCETO:
a) Educação.
b) Saúde.
c) Alimentação.
d) Inviolabilidade da vida privada.
e) Moradia.

5. Quanto aos direitos e garantias fundamentais, assinale a alternativa correta.
a) A casa é asilo inviolável do indivíduo, ninguém nela podendo penetrar sem consentimento do morador, salvo em caso de flagrante delito ou desastre, ou para prestar socorro, ou, durante o dia, por determinação judicial.
b) Todos podem reunir-se pacificamente, sem armas, em locais abertos ao público, desde que não frustrem outra reunião anteriormente convocada para o mesmo local, sendo exigido apenas prévia autorização da autoridade competente.
c) A prática do racismo constitui crime afiançável e imprescritível, sujeito à pena de detenção, nos termos da lei.
d) Nenhum brasileiro será extraditado, salvo o nato, em caso de crime comum, praticado após da naturalização, ou de comprovado envolvimento em tráfico ilícito de entorpecentes e drogas afins, na forma da lei.
e) Somente será concedida extradição de estrangeiro por crime político ou de opinião.

6. O § 3º do Art. 39 da Constituição Federal de 1988 estabelece que se apliquem aos servidores ocupantes de cargo público as disposições de alguns incisos do Art. 7º daquela Constituição, que asseguram os direitos aos trabalhadores urbanos e rurais. Nesse sentido, dentre os direitos assegurados aos servidores ocupantes de cargos públicos pela Constituição Federal estão, EXCETO:

DIREITOS HUMANOS E CIDADANIA

a) Garantia de salário, nunca inferior ao mínimo, para os que percebem remuneração variável.
b) Proteção do mercado de trabalho da mulher, mediante incentivos específicos, nos termos da lei.
c) Redução dos riscos inerentes ao trabalho, por meio de normas de saúde, higiene e segurança.
d) Proibição de diferença de salários, de exercício de funções e de critério de admissão por motivo de sexo, idade, cor ou estado civil.
e) Irredutibilidade do salário, salvo o disposto em convenção ou acordo coletivo.

17. Sobre o Mandado de Segurança Individual e Coletivo, assinale a alternativa INCORRETA.
a) Cabe mandado de segurança contra ato de administrador de entidade autárquica, no que diz respeito às atribuições de poder público.
b) Não cabe mandado de segurança contra lei em tese.
c) Não se concederá mandado de segurança quando se tratar de ato contra o qual caiba recurso administrativo com efeito suspensivo, exceto se realizada caução.
d) Será decretada a perempção ou caducidade da medida liminar ex officio ou a requerimento do Ministério Público quando, concedida a medida, o impetrante criar obstáculo ao normal andamento do processo ou deixar de promover, por mais de três dias úteis, os atos e as diligências que lhe cumprirem.
e) Das decisões em mandado de segurança proferidas em única instância pelos tribunais cabe recurso especial e extraordinário, nos casos legalmente previstos, e recurso ordinário, quando a ordem for denegada.

18. O piso salarial previsto nos termos da Constituição Federal do Brasil para os trabalhadores rurais e urbanos deve ser proporcional à extensão e à:
a) Carga-horária.
b) Complexidade do trabalho.
c) Qualificação profissional.
d) Disponibilidade financeira da entidade.
e) Pretensão salarial do cidadão.

19. Entre os direitos assegurados pela Constituição Federal do Brasil aos trabalhadores urbanos e rurais está o seguro desemprego, previsto para casos de desemprego
a) Temporário.
b) Permanente.
c) Involuntário.
d) Voluntário.
e) Compulsório.

20. Sobre as garantias previstas na Constituição Federal, é correto afirmar que:
   a) O mandado de segurança coletivo poderá ser impetrado pelo Ministério Público.
   b) O mandado de injunção serve como forma de controle difuso de constitucionalidade de lei ou ato normativo federal.
   c) O mandado de injunção não possui norma regulamentadora de seu procedimento.
   d) O mandado de segurança poderá ser preventivo ou repressivo.
   e) O *habeas data* é de competência exclusiva do Supremo Tribunal Federal.

21. Determinado cidadão, objetivando acesso a informações relativas à sua pessoa, constantes de banco de dados de caráter público, impetra *habeas data*. O que caberá ao julgador fazer?
   a) Ao despachar a petição inicial, ordenará que se notifique o coator do conteúdo da petição, a fim de que, no prazo de trinta dias, preste as informações que julgar necessárias.
   b) Se verificar que não é caso de *habeas data*, indeferirá a petição inicial, em decisão que poderá ser atacada por recurso de agravo de instrumento.
   c) Se verificar que não é caso de *habeas data*, indeferirá a petição inicial, em decisão que poderá ser atacada por recurso de apelação.
   d) Após o processamento do feito, proferirá sentença deferindo ou denegando o *habeas data*, que poderá ser atacada por apelação, a ser recebida nos efeitos devolutivo e suspensivo.
   e) Realizará o processamento do pedido, sendo, de regra, dispensável a intervenção do ministério público no processo.

22. Para as atividades dos trabalhadores urbanos e rurais, as disposições trabalhistas estão previstas como sendo Direitos Sociais, conforme o artigo 7º da Constituição da República Federativa do Brasil, de 1988, que estão expressos em diversos incisos deste artigo. Nesse sentido, analise as afirmativas abaixo.

   I. Para melhores condições sociais, estabelecem-se diferentes níveis de salários, de exercício de funções e de critério de admissão por motivo de sexo, idade, cor ou estado civil.

   II. Por outro lado, é proibida qualquer discriminação no tocante a salário e critérios de admissão do trabalhador portador de deficiência.

   III. Entretanto, permite-se a distinção entre trabalho manual, técnico e intelectual ou entre os profissionais respectivos.

   Quais estão INCORRETAS?
   a) Apenas II.
   b) Apenas III.
   c) Apenas I e III.
   d) Apenas II e III.
   e) I, II e III.

DIREITOS HUMANOS E CIDADANIA

23. Quanto aos direitos e garantias fundamentais, assinale a alternativa correta.

a) A casa é asilo inviolável do indivíduo, ninguém nela podendo penetrar sem consentimento do morador, salvo em caso de flagrante delito ou desastre, ou para prestar socorro, ou, durante o dia, por determinação judicial.

b) Todos podem reunir-se pacificamente, sem armas, em locais abertos ao público, desde que não frustrem outra reunião anteriormente convocada para o mesmo local, sendo exigido apenas prévia autorização da autoridade competente.

c) A prática do racismo constitui crime afiançável e imprescritível, sujeito à pena de detenção, nos termos da lei.

d) Nenhum brasileiro será extraditado, salvo o nato, em caso de crime comum, praticado após da naturalização, ou de comprovado envolvimento em tráfico ilícito de entorpecentes e drogas afins, na forma da lei.

e) Somente será concedida extradição de estrangeiro por crime político ou de opinião.

24. Assinale a alternativa INCORRETA, em relação aos direitos e garantias individuais e coletivos.

a) As normas definidoras dos direitos e garantias fundamentais têm aplicação imediata.

b) Os direitos e garantias expressos na Constituição não excluem outros decorrentes do regime e dos princípios por ela adotados, ou dos tratados internacionais em que a República Federativa do Brasil seja parte.

c) Os tratados e convenções internacionais sobre direitos humanos que forem aprovados, em cada Casa do Congresso Nacional, em dois turnos, por três quintos dos votos dos respectivos membros, serão equivalentes às emendas constitucionais.

d) O Brasil se submete à jurisdição de Tribunal Penal Internacional a cuja criação tenha manifestado adesão.

e) Não será objeto de deliberação a proposta de emenda tendente a limitar apenas a forma federativa de Estado e o voto direto, secreto, universal e periódico.

25. Analise as assertivas abaixo e assinale a INCORRETA, segundo a Constituição Federal.

a) A República Federativa do Brasil constitui-se em Estado Democrático de Direito e tem como fundamentos a soberania, a cidadania, a dignidade da pessoa humana, os valores sociais do trabalho e da livre iniciativa e o pluralismo político.

b) Todos são iguais perante a lei, sem distinção de qualquer natureza, garantindo-se aos brasileiros e aos estrangeiros residentes no País a inviolabilidade do direito à vida, à liberdade, à igualdade, à segurança e à propriedade.

- c) A organização político-administrativa da República Federativa do Brasil compreende a União, os Estados e os Municípios, todos autônomos, nos termos desta Constituição.
- d) São Poderes da União, independentes e harmônicos entre si, o Legislativo, o Executivo e o Judiciário.
- e) Todo o poder emana do povo, que o exerce por meio de representantes eleitos ou diretamente, nos termos da Constituição.

26. A Constituição Federal assegura aos brasileiros e aos estrangeiros residentes no Brasil a inviolabilidade do sigilo das comunicações, ressalvadas, por ordem judicial e nas hipóteses e na forma que a lei estabelecer para fins de investigação criminal ou instrução processual penal, a(as):

- I. Correspondência.
- II. Comunicações telegráficas.
- III. Comunicações telefônicas.

Quais estão corretas?

- a) Apenas III.
- b) Apenas I e II.
- c) Apenas I e III.
- d) Apenas II e III.
- e) I, II e III.

27. Em face dos direitos sociais previstos na Constituição, João, que é servidor em uma entidade pública, tem direito:

- a) À remuneração do serviço extraordinário superior, no mínimo, em trinta por cento à do normal.
- b) À redução dos riscos inerentes ao trabalho, por meio de normas de saúde, higiene e segurança.
- c) Ao seguro-desemprego, em caso de desemprego involuntário.
- d) À duração do trabalho normal não superior a seis horas diárias.
- e) À remuneração do trabalho diurno superior à do noturno.

28. Por determinação constitucional, são gratuitas as ações de:

- a) Mandado de segurança e *habeas corpus*.
- b) Mandado de segurança e *habeas data*.
- c) *Habeas corpus* e *habeas data*.
- d) Mandado de segurança individual e coletivo.
- e) *Habeas data* e mandado de segurança coletivo.

DIREITOS HUMANOS E CIDADANIA

29. No que diz respeito aos direitos e garantias fundamentais previstos na Constituição Federal, analise as seguintes afirmações:

   I. A propriedade atenderá a sua função social, admitindo-se a desapropriação por necessidade ou utilidade pública, ou por interesse social, mediante justa e prévia indenização em dinheiro, ressalvados os casos previstos em lei.

   II. A lei assegurará aos autores de inventos industriais privilégio temporário para sua utilização, bem como proteção às criações industriais, à propriedade das marcas, aos nomes de empresas e a outros signos distintivos, tendo em vista o interesse social e o desenvolvimento tecnológico e econômico do País.

   III. O Estado promoverá, na forma definida em Lei Complementar, a defesa do consumidor.

   Quais estão corretas?

   a) Apenas II.
   b) Apenas I e II.
   c) Apenas I e III.
   d) Apenas II e III.
   e) I, II e III.

30. A Constituição da República Federativa do Brasil de 1988 disponibiliza uma ação sempre que a falta de norma regulamentadora torne inviável o exercício dos direitos e liberdades constitucionais e das prerrogativas inerentes à nacionalidade, à soberania e à cidadania. Essa ação denomina-se:

   a) Ação civil pública.
   b) Ação popular.
   c) Mandado de injunção.
   d) Mandado de segurança.
   e) Habeas data.

Gabaritos

01.	B	11.	A	21.	C
02.	C	12.	C	22.	C
03.	B	13.	D	23.	A
04.	C	14.	A	24.	E
05.	E	15.	E	25.	C
06.	A	16.	C	26.	A
07.	B	17.	B	27.	B
08.	D	18.	C	28.	C
09.	E	19.	C	29.	A
10.	A	20.	D	30.	C

INFORMÁTICA

Para responder às questões 1 a 5, considere que: todos os programas estão instalados em sua configuração padrão, o idioma dos softwares é o Português Brasil (salvo exceção, se for informada na questão), o mouse está configurado para destros e, ainda, os programas possuem licença para o uso, e caso haja no enunciado da questão expressões com: Negrito, Itálico, Sublinhado ou ainda " " (aspas), somente servem para chamar a atenção.

01. Analise as assertivas abaixo sobre o programa Microsoft Word 2013:

I. O ícone "Tabela" fica localizado na Guia Exibição.

II. O "Tamanho da fonte" fica localizado na Guia Revisão.

III. Um dos casos em que ocorre a ondulação vermelha é quando a grafia de uma palavra encontra-se incorreta.

Quais estão corretas?

a) Apenas I.
b) Apenas II.
c) Apenas III.
d) Apenas I e II.
e) Apenas II e III.

02. Com referência ao sistema operacional Microsoft Windows 10 e suas teclas de atalho, também conhecidas como combinação de atalhos do teclado (hardware), destaca-se o "SHIFT+DEL" ou "SHIFT+DELETE", dependendo do teclado (hardware). Qual a função dessa tecla de atalho?

a) Finalizar o Windows 10.
b) Deletar, de forma permanente, um arquivo que foi previamente selecionado.
c) Fazer Logoff.
d) Abrir o Painel de Controle.
e) Abrir o ícone Computador na Área de Trabalho

03. Analise as assertivas abaixo sobre o programa Microsoft Word 2013:

I. O ícone "Itálico" fica localizado no Grupo Fonte.

II. É possível substituir uma palavra por outra no mesmo arquivo.

III. Ao acessar o programa, o tamanho, por padrão da fonte, é sempre 14.

IV. O alinhamento "Justificado" é considerado padrão, todas as vezes, ao acessar o programa.

Quais estão corretas?

a) Apenas I e II.
b) Apenas III e IV.
c) Apenas I, II e III.

d) Apenas II, III e IV.
e) I, II, III e IV.

04. Com base na Figura 1 abaixo, considere que o usuário digitou no endereço de célula D1 o seguinte: "=B1+C2/A2" e, logo após, pressionou a tecla Enter (teclado). Que valor conterá em D1?

	A	B	C	D
1	32	54	30	
2	12	36	24	
3	115	67	6	
4				

Figura 1 – Visão parcial de uma planilha do programa Microsoft Excel 2013.

a) 6,5
b) 10
c) 12
d) 20
e) 56

05. Com base na Figura 2 abaixo, considere que o usuário digitou no endereço de célula A4 o seguinte: "=SOMA(A1:B2)" e, logo após, pressionou a tecla Enter (teclado). Que valor conterá em A4?

	A	B	C
1	11	27	29
2	14	16	17
3	21	19	23
4			
5			

Figura 2 – Visão parcial de uma planilha do programa Microsoft Excel 2013.

a) 19
b) 27
c) 36
d) 68
e) 74

06. Qual a principal função do sistema operacional Microsoft Windows 10?
a) Relacionar a estrutura do PC com navegadores de Internet, a partir de uma derivação de arquivos encriptados.
b) Gerenciar somente os hardwares de um PC.
c) Gerenciar somente os softwares de um PC.
d) Permitir acesso somente ao correio eletrônico.
e) Gerenciar todos os recursos de um PC, ou seja, os hardwares e softwares.

07. A tecla de atalho "Ctrl + Shift + Esc", do sistema operacional Microsoft Windows 10, instalado em sua configuração padrão, possui a função de:
a) Abrir o Gerenciador de Tarefas.
b) Mudar o layout do teclado quando houver vários layouts de teclado habilitados.
c) Alterar a direção de leitura de texto em idiomas com leitura da direita para a esquerda.
d) Ativar a barra de menus no programa ativo.
e) Abrir o menu de atalho da janela ativa.

08. O ícone , pertencente ao programa Microsoft Word 2013, instalado em sua configuração padrão, está associado a que tecla de atalho?
a) Ctrl+S
b) Ctrl+Q
c) Ctrl+B
d) Ctrl+R
e) Ctrl+W

09. Com base na Figura 1 abaixo, considere que o usuário digitou, no endereço de célula C1, o seguinte: =ARRED(A1;2) e, logo após, pressionou a tecla Enter do teclado. Que valor conterá em C1?

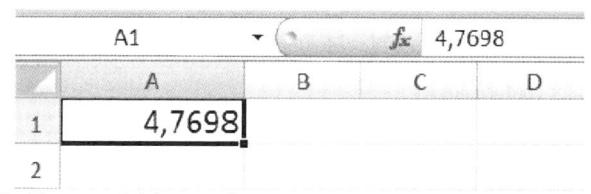

	A	B	C	D
1	4,7698			
2				

A1 — f_x 4,7698

Figura 1 – Visão parcial de uma planilha do programa Microsoft Excel 2013, instalado em sua configuração padrão
a) 4,76
b) 4,77
c) 4,78
d) 4,79
e) 4,80

10. Com base na Figura 2 abaixo, considere que o usuário digitou, no endereço de célula E1, o seguinte: =MÉDIA(A2:D4) e, logo após, pressionou a tecla Enter do teclado. Que valor conterá em E1?

	A	B	C	D	E
1	8	3	7	1	
2	AA	BB	CC	DD	
3	2	10	4	20	
4	EE	FF	GG	HH	

Figura 2 – Visão parcial de uma planilha do programa Microsoft Excel 2013, instalado em sua configuração padrão

a) 2
b) 4
c) 9
d) 10
e) 18

11. O conceito de célula do programa Microsoft Excel 2013, instalado em sua configuração padrão, é:

a) Uma reunião de coordenadas, simples e estruturadas, a partir de uma fixação interminável de colunas adjacentes.
b) Uma função do programa para calcular respostas que contenham palavras.
c) Uma correspondência fixada em cálculos numéricos compostos.
d) O encontro (interseção) de uma coluna com uma linha.
e) Um erro do programa que ocorre quando não há uma resposta correta para uma função executável.

12. Com base na Figura 3 abaixo, considere que o usuário digitou, no endereço de célula A1, o seguinte: =SOMA(5*2^3) e, logo após, pressionou a tecla Enter do teclado. Que valor conterá em A1?

Figura 3 – Visão parcial de uma planilha do programa Microsoft Excel 2013, instalado em sua configuração padrão

a) 10
b) 11
c) 30
d) 40
e) 45

13. O ícone [III\ Biblioteca ›] comumente utilizado, referente ao programa Mozilla Firefox, versão atualizada, instalado em sua configuração padrão, ao ser acionado pelo usuário, nos mostra uma lista de opções. Qual das seguintes alternativas NÃO corresponde a uma dessas opções?

a) Favoritos.
b) Ver lista do Pocket.
c) Histórico.
d) Downloads.
e) Web Console.

14. Em relação ao programa Google Chrome, versão atualizada, instalado em sua configuração, um dos recursos utilizados frequentemente é a tecla [Favoritos ›], que, ao ser acionada pelo usuário, nos permite visualizar uma lista de opções. Qual das seguintes alternativas NÃO corresponde a uma dessas opções?

a) Importar favoritos e configurações.
b) Gerenciador de favoritos.
c) Deletar a pasta favoritos.
d) Exibir barra de favoritos.
e) Adicionar esta página aos favoritos.

15. Tendo como base o recurso Zoom do programa Microsoft Word 2013, instalado em sua configuração padrão, assinale a alternativa INCORRETA.

a) O controle do Zoom fica localizado na barra de Títulos.
b) O percentual padrão corresponde a 100% (cem por cento).
c) Não há relação com a impressão de um documento, ou seja, ao ser alterado o percentual do Zoom, não será alterado esse percentual na hora de imprimir, haja vista que o Zoom somente tem relação com a visualização do documento.
d) O percentual pode ser alterado a qualquer momento pelo usuário, reduzindo ou ampliando a imagem na tela.
e) Ao salvar um documento, ficará mantido o percentual do Zoom que foi definido pelo usuário.

INFORMÁTICA

Para a resolução das questões abaixo, considere os seguintes detalhes: (1) o mouse está configurado para uma pessoa que o utiliza com a mão direita (destro) e usa, com maior frequência, o botão esquerdo, que possui as funcionalidades de seleção ou de arrastar normal, entre outras. O botão da direita serve para ativar o menu de contexto ou de arrastar especial; (2) os botões do mouse estão devidamente configurados com a velocidade de duplo clique; (3) os programas utilizados nestas questões foram instalados com todas as suas configurações padrão, entretanto, caso tenham sido realizadas alterações que impactem a resolução da questão, elas serão alertadas no texto da questão ou mostradas visualmente, se necessário; (4) no enunciado e nas respostas de algumas questões existe(m) letra(s), palavra(s) ou texto(s) que foram digitados entre aspas, apenas para destacá-los. Nesse caso, para resolver as questões, desconsidere tais aspas e atente somente para a(s) letra(s), palavra(s) ou texto(s) propriamente ditos; e (5) para resolver as questões, considere, apenas, os recursos disponibilizados, tais como essas orientações, os textos introdutórios das questões, normalmente disponibilizados antes das Figuras, os enunciados propriamente ditos e os dados e informações disponíveis nas Figuras das questões, se houver.

16. Essa questão baseia-se na janela principal do Excel 2013 apresentada na Figura 1 abaixo, na qual se realizou, sequencialmente, as seguintes ações: (1) digitou-se os números de 1 a 3 e as letras de A a C, na planilha corrente; (2) selecionou-se o intervalo de células apontado pela seta "A"; e (3) posicionou-se o cursor do mouse no local apontado pela seta "B", até ser mostrada a alça de preenchimento, no formato de uma pequena cruz ("+").

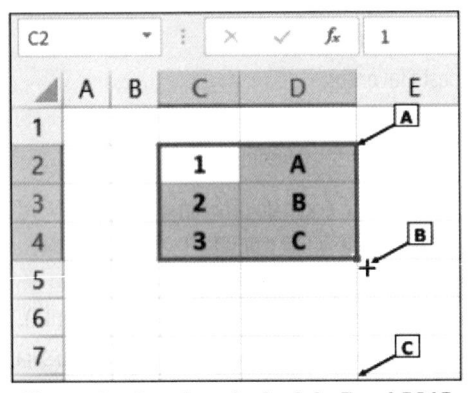

Figura 1 – Janela principal do Excel 2013

Nesse caso, arrastando-se a alça de preenchimento até o local apontado pela seta "C" e, a seguir, soltando-se o botão esquerdo do mouse, pode-se afirmar que:

I. O conteúdo da célula C6 será igual ao número 5 (cinco).

II. O conteúdo da célula D6 será igual a letra "E".

III. As células C7 e D7 não conterão nenhum conteúdo.

Quais estão corretas?
- a) Apenas I.
- b) Apenas II.
- c) Apenas III.
- d) Apenas I e II.
- e) I, II e III.

17. Essa questão baseia-se nas Figuras 2(a) e 2(b) abaixo. A Figura 2(a) mostra, intencionalmente, apenas parte de uma caixa de diálogo do sistema operacional Windows 8 Pro. A Figura 2(b) exibe o menu lateral desse sistema operacional (Charms Bar).

Figura 2(a) – Caixa de diálogo do Sistema Operacional Windows 8 Pro

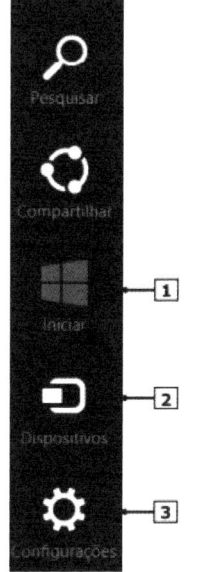

Figura 2(b) – Menu lateral do Windows 8 Pro (*Charms Bar*)

Para que fosse exibida a caixa de diálogo da Figura 2(a), bastou, antes, na Figura 2(b), dar um clique, com o botão esquerdo do mouse, sobre o local apontado pela seta nº:

I.   1 e, ao ser exibida as opções do menu "Iniciar", selecionar a opção "Gerenciamento de Sistemas".

II. 2 e, ao ser exibida as opções do menu "Dispositivos", selecionar a opção "Gerenciar Dispositivos" e, finalmente, ativar a opção "Sistema".

III. 3 e, ao ser exibida as opções do menu "Configurações", selecionar a opção "Informação do PC".

Quais estão corretas?

a) Apenas I.
b) Apenas II.
c) Apenas III.
d) Apenas I e II.
e) I, II e III.

18. Essa questão baseia-se na Figura 3 abaixo, que mostra, intencionalmente, apenas parte da janela principal do Word 2013, acima da qual se ampliou e destacou a régua, de modo a facilitar a visualização e a resolução da questão. Nessa Figura, inseriu-se as setas "A", "B" e "C", que destacam os seguintes aspectos: (1) A seta "A" aponta para o cursor do mouse, no formato de uma pequena seta levemente inclinada para a esquerda; (2) A seta "B" aponta para um uma barra vertical ("|"), indicando onde se encontra o ponto de inserção de texto; e (3) A seta "C" aponta para uma marca de formatação que foi inserida automaticamente ao se pressionar a tecla Tab, do teclado.

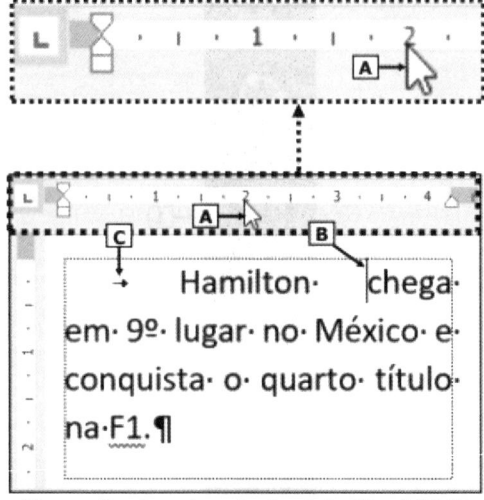

Figura 3 – Janela principal do Word 2013

Na janela principal do Word 2013, mostrada na Figura 3, observa-se que o cursor do mouse se encontra exatamente no local apontado pela seta "A". Nesse caso, dando-se um único clique no botão esquerdo do mouse, a área de trabalho desse editor de texto será exibida da seguinte forma:

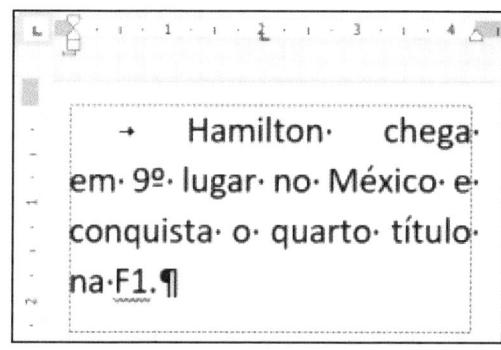

a) → Hamilton· chega· em· 9º· lugar· no· México· e· conquista· o· quarto· título· na·F1.¶

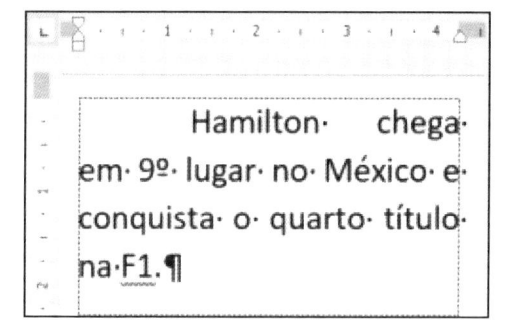

b) Hamilton· chega· em· 9º· lugar· no· México· e· conquista· o· quarto· título· na·F1.¶

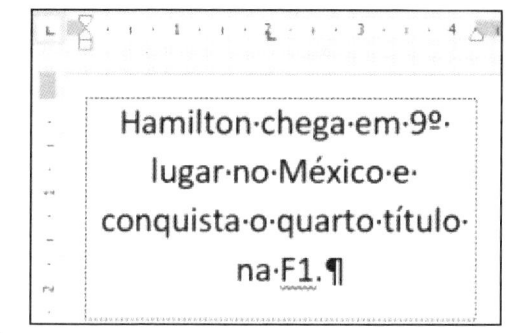

c) Hamilton·chega·em·9º· lugar·no·México·e· conquista·o·quarto·título· na·F1.¶

INFORMÁTICA

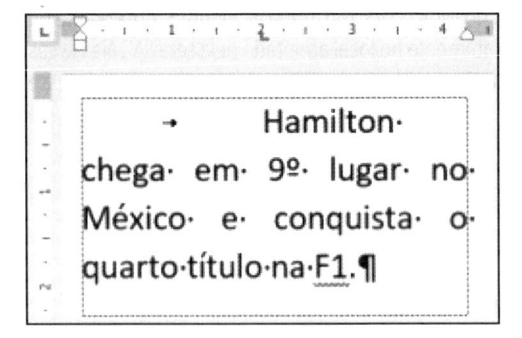

d)

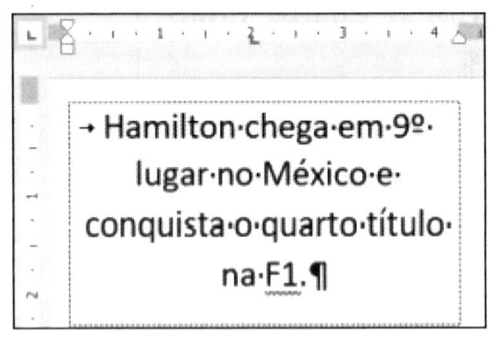

e)

19. Essa questão baseia-se nas Figuras 4(a) e 4(b) abaixo, do Google Chrome, Versão 61.0.3163.100, 64 bits. A Figura 4(a) mostra a janela principal desse navegador. A Figura 4(b) exibe a guia "Configurações", inicializada a partir da Figura 4(a).

Figura 4(a) – Janela principal do Google Chrome

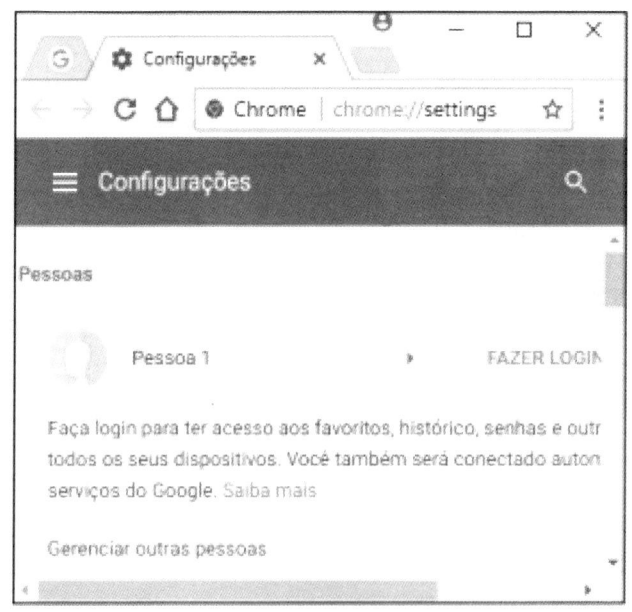

Figura 4(b) – Guia do Google Chrome

No Google Chrome, para que fosse exibida a guia "Configurações", mostrada na Figura 4(b), bastou, antes, na Figura 4(a), dar um clique com o botão esquerdo do mouse exatamente sobre o local apontado pela seta nº:

I.   1 e, a seguir, selecionar, no menu, o item "Configurações".
II. 2 e, a seguir, selecionar, no menu, o item "Configurações".
III. 3.

Quais estão corretas?

a) Apenas I.
b) Apenas II.
c) Apenas III.
d) Apenas II e III.
e) I, II e III.

20. Essa questão baseia-se na Figura 5 abaixo, que mostra a janela principal do navegador Firefox 56.0.2 (64-bits), exibindo um vídeo de 19 de maio de 2009, que exibe Canção da Brigada Militar, disponível no site https://www.youtube.com/watch?v=9NJsZznUyy0.

INFORMÁTICA

Figura 5 – Janela principal do Firefox

21. Após observar a janela principal do navegador Firefox, exibida na Figura 5, é correto afirmar que, a partir do ícone apontado pela seta nº 1, é possível:
    a) Visualizar os Downloads.
    b) Criar um marcador para essa página.
    c) Guardar essa página eletrônica no Pocket.
    d) Baixar o vídeo para esse computador, no formato MP4.
    e) Baixar o vídeo, ou apenas o som desse vídeo, para esse computador.

22. Preciso criar uma borda de parágrafo diferente do lado direito e na parte de baixo de um parágrafo. Para fazer isso, devo:
    a) Clicar na Guia Inserir, depois em Tabela e criar as bordas necessárias.
    b) Na Guia Página Inicial, ir no grupo Parágrafo, clicar no botão Bordas e depois em Bordas e Sombreamentos.
    c) Clicar em Design e selecionar o botão Bordas de Página.
    d) Habilitar o Modo Estrutura de Tópicos para visualizar as bordas diferentes.
    e) Na Guia Página Inicial, ir no grupo Parágrafo, clicar no botão Bordas e depois em Desenhar Tabela.

23. O uso do Excel se tornou padrão nas empresas de todo o mundo e, muitas vezes, é preciso criar fórmulas para atender a demanda necessária dentro do trabalho. Sendo assim, assinale a Função do Excel que está escrita INCORRETAMENTE.
    a) =MAIOR(D4;D7;F7;3)
    b) =MÍNIMO(D4:D9;F8:F57)
    c) =SOMA(MÍNIMO(A11:A78);B10:C23)

d) =ESCOLHER(A1;"SALA 1";"SALA 2";"SALA 3")

e) =MULT(C3;C4;D4)

24. Qual alternativa corresponde a um modo de exibição de documento do programa Microsoft Word 2013 em sua configuração padrão?
   a) Estrutura de tópicos.
   b) Quebra de páginas.
   c) Macros.
   d) Largura de páginas.
   e) Réguas.

25. Em relação ao programa Microsoft Word 2013, em sua configuração padrão, analise as seguintes assertivas:
   I. Não é possível uma mesma palavra estar em Negrito, Itálico e Sublinhado.
   II. Quando uma palavra foi escrita com a grafia incorreta, a cor de ondulação que aparece logo abaixo da palavra é amarela.
   III. Em um mesmo documento, é possível alinhar vários parágrafos com alinhamentos diferentes.

   Quais estão corretas?
   a) Apenas I.
   b) Apenas II.
   c) Apenas III.
   d) Apenas I e II.
   e) Apenas II e III.

26. O ícone , comumente utilizado no programa Microsoft Word 2013, em sua configuração padrão, é chamado de:
   a) Gráfico.
   b) SmartArt.
   c) Imagem.
   d) Tabela.
   e) WordArt

27. Com base na Figura 1 abaixo, presuma que o usuário digitou no endereço de célula A4 o seguinte: =SOMA(B2:C3) e, logo após, pressionou a tecla Enter. Qual valor conterá em A4?

INFORMÁTICA

	A	B	C	D
1	9	6	2	3
2	10	21	16	13
3	7	8	6	4
4				
5				

Figura 1 - Visão parcial de uma planilha do programa Microsoft Excel 2013, em sua configuração padrão

a) 13.
b) 27.
c) 32.
d) 44.
e) 51.

28. Em relação ao programa Microsoft Excel 2013, em sua configuração padrão, quando for necessário multiplicar, é utilizado:
    a) &
    b) @
    c) *
    d) %
    e) #

29. Com base na Figura 2 abaixo, presuma que o usuário digitou no endereço de célula B4 o seguinte: =MÉDIA(A1:A3;C2) e, logo após, pressionou a tecla Enter. Qual valor conterá em B4?

	A	B	C
1	9	6	3
2	2	7	4
3	1	2	1
4			
5			

Figura 2 - Visão parcial de uma planilha do programa Microsoft Excel 2013, em sua configuração padrão

a) 2
b) 4
c) 6
d) 8
e) 10

30. Analise as assertivas abaixo em relação ao programa Microsoft Excel 2013, em sua configuração padrão:

I. Um intervalo de células é representado pelo caracter dois pontos.

II. É possível construir um gráfico.

III. Uma planilha contém uma Pasta de Trabalho.

Quais estão corretas?

a) Apenas I.
b) Apenas II.
c) Apenas III.
d) Apenas I e II.
e) Apenas II e III

31. A extensão padrão, nativa e direta do programa Microsoft Word 2013, em sua configuração padrão, é chamada de:

a) .DOCX
b) .XLSX
c) .RRT
d) .DDZ
e) .TXL

Gabaritos

01.	B	11.	D	21.	B
02.	A	12.	D	22.	A
03.	E	13.	E	23.	A
04.	D	14.	C	24.	C
05.	C	15.	A	25.	D
06.	E	16.	A	26.	E

INFORMÁTICA

07.	A	17.	C	27.	C
08.	C	18.	E	28.	B
09.	B	19.	B	29.	D
10.	C	20.	A	30.	A

Esta tabela é uma sugestão de como você pode organizar seu plano de estudo. Para cada dia, você deve reservar um tempo para duas disciplinas e também para a resolução de exercícios e/ou revisão de conteúdos. Fique atento ao fato de que o horário precisa ser determinado por você, ou seja, a duração e o momento do dia em que será feito o estudo é você quem escolhe.

TABELA SEMANAL

SEMANA	SEGUNDA	TERÇA	QUARTA	QUINTA	SEXTA	SÁBADO	DOMINGO
1							
2							
3							
4							

Esta tabela é uma sugestão de como você pode organizar seu plano de estudo. Para cada dia, você deve reservar um tempo para duas disciplinas e também para a resolução de exercícios e/ou revisão de conteúdos. Fique atento ao fato de que o horário precisa ser determinado por você, ou seja, a duração e o momento do dia em que será feito o estudo é você quem escolhe.

TABELA SEMANAL

SEMANA	SEGUNDA	TERÇA	QUARTA	QUINTA	SEXTA	SÁBADO	DOMINGO
1							
2							
3							
4							

AlfaCon Concursos Públicos